改訂版

一般社団法人
一般財団法人 の

税務・会計
Q&A

本当に
知りたかった
ポイントが
わかる

税理士からの
相談事例 **120**

田中義幸

著

第一法規

改訂版　はしがき

　私たちの社会が、企業社会優先の営利活動から、より非営利の活動や分野に力を入れることを必要としているということなのでしょうか。一般社団法人は毎年 6,000 法人を超える勢いで増加し続け、一般財団法人も毎年確実に増え続けています。

　新しい資本主義の提唱に、非営利分野の拡充の声は特に聞かれませんが、資本主義の持続可能なあり方には、それが欠かせないと思われます。

　そうした社会の動きを反映してか、私のところに寄せられる主に税理士の方からの質問も絶えることがありません。寄せられる質問は、公益社団法人・公益財団法人、宗教法人、NPO 法人、社会福祉法人、学校法人、人格のない社団等の税務や会計から運営に関するものなど様々です。そうした質問の中から、一般社団法人・一般財団法人に関するものだけを取り上げて、必要なアレンジを加え、広く一般の役に立つと思われる 20 事例を新たにピックアップするとともに、既出の事例についてもこの間の税法改正を受けて見直しました。

　これまでの「相談事例 100」に、この新たな 20 事例を加え、「相談事例 120」として改訂版を発刊することといたしました。

　一般社団法人・一般財団法人の税務や会計の実務の一助として、皆様に活用していただければ幸いです。

2023 年 10 月

田中　義幸

はしがき

　一般社団法人・一般財団法人の制度を考えるとき、キーになるものは何か。私は法律の条文の数を挙げたいと思います。一般社団法人・一般財団法人は、350 条近い条文を備えています。かつての民法 34 条法人時代の社団法人・財団法人には、わずか 50 条ほどの民法の規定しかありませんでした。他の法人の条文を数えると、NPO 法人は 80 条、宗教法人は 90 条、学校法人は 50 条、社会福祉法人は 50 条です。

　どうです。非営利法人の中では、一般社団法人・一般財団法人が群を抜いて多くの条文を有していることがわかるでしょう。これが何を意味するか。一般社団法人・一般財団法人は行政の関与を全く受けない分、自己規律のための規定が必要だったということです。ひるがえって、他の法人が少ない条文で済んでいるのは、条文のスキマを行政の監督が埋めているからです。

　一般社団法人・一般財団法人には、条文が多いことによる運営のやりやすさと隣り合わせに、やりにくさも存在します。法律で細かいところまで規定されている分、運営のやりやすさがある一方で、勝手にできない運営のやりにくさもあるというわけです。

　ところで、営利法人の代表格である会社法の条文数は 1,000 条ですから、一般社団・財団法人法の 3 倍近くあります。この違いの意味は何か。一言でいうと、法人を所有する仕組みがあるか、ないかです。一般社団法人・一般財団法人には法人を所有する仕組みが全くないのに対して、会社には法人を所有する仕組みが横溢していて、その仕組みを構成する株式や持分に関する規定の多さが会社法の条文数に表れています。

　さて、私はここ 10 年ほど、セミナーやインターネットなどを通じて、主に税理士の方から週平均 5 問ぐらいの質問を受けてきました。質問は、当初こそ負担に感じたものの、やがて質問者よりも回答者の方が得られるものが多いことに気が付き、今では質問を心待ちにするような心境になっています。受けてきた質問は、公益社団法人・公益財団法人、

宗教法人、NPO法人、社会福祉法人、学校法人、人格のない社団等の税務や会計から運営に関するものにまで及びます。

　本書は、そうした質問の中から一般社団法人・一般財団法人の税務と会計に関するものだけを取り上げて、必要なアレンジを加え、広く一般の役に立つと思われる100問のQ&Aにまとめました。制度開始以来10年を経て、わが国社会にますます欠かせない存在となってきた一般社団法人・一般財団法人の税務や会計の実務の一助にしていただければと存じます。

　なお、本書は第一法規株式会社の西村恵美さんの行き届いた編集がなければ完成しませんでした。心からお礼を申し上げます。

2019年1月

田中　義幸

改訂版 **一般社団法人 一般財団法人** の **税務・会計 Q&A**
本当に知りたかった ポイントがわかる **税理士**からの **相談事例 120**

第3章 ◆ 会計

第4章 ◆ 法人税

1 | 収益事業

2 所得の計算、申告

第6章 ◆ 相続税

第7章 ◆ 源泉所得税

第8章 ◆ 印紙税、登録免許税

1 | 印紙税

2 | 登録免許税

第9章 ◆ 地方税

著者プロフィール

本書の内容は、2023年10月1日現在の法令・通達に拠っております。
また、コラムについては報道等を元に著者の私見を述べたものです。

凡　　例

本書では、法令・通達について次の略称を用いています。

略称	法令・通達の名称
一般社団・財団法人法	一般社団法人及び一般財団法人に関する法律
公益法人認定法	公益社団法人及び公益財団法人の認定等に関する法律
法法	法人税法
法令	法人税法施行令
法規	法人税法施行規則
法基通	法人税基本通達
消法	消費税法
消令	消費税法施行令
消基通	消費税法基本通達
相法	相続税法
相令	相続税法施行令
相規	相続税法施行規則
所法	所得税法
所基通	所得税基本通達
印基通	印紙税法基本通達
登法	登録免許税法
地法	地方税法

また、本文中、根拠法令・通達は次のように表示しています。
（例）
法令5①十二　　　法人税法施行令第5条第1項第12号
法基通15－1－31　法人税基本通達15－1－31

第1章

一般社団法人・一般財団法人の税務の特徴

1

ポイント

　一般社団法人・一般財団法人は、税務上は公益法人等に該当することもあれば、普通法人に該当することもあるのが最大の特徴です。

　一般社団法人・一般財団法人は、準則主義により登記のみによって設立されます。その運営は自治に委ねられ、行政の監督が入ることがありませんので、私物化することも可能な実態となっています。つまり、一般社団法人・一般財団法人には、法人を所有する仕組みや法人の持分を有する仕組みは設けられていませんが、実態として法人を所有したり持分を有するのと同じように支配することが可能な仕組みになっているということです。

　一般社団法人・一般財団法人の税制は、そうしたことを踏まえて組み立てられています。

　すなわち、私物化を排除した法人や私物化になじまない法人は公益法人等に該当する法人として扱い、私物化の実態がある法人や私物化の可能性がある法人は会社と同等の法人として扱う制度になっています。

一般社団法人・一般財団法人の特徴

税務の専門家としておさえておくべき一般社団法人・一般財団法人の税務上の特徴があるとしたら、どんなところでしょうか。

A 一般社団法人・一般財団法人は、NPO法人や社会福祉法人、宗教法人、学校法人、人格のない任意の団体など、他の非営利組織と違って、条件なしに収益事業課税が受けられるわけではありません。その点が、税務の専門家としておさえておくべき一般社団法人・一般財団法人の税務上の特徴といえます。

解説

NPO法人や社会福祉法人、宗教法人、学校法人などの法人だけでなく、人格のない任意団体なども含めた他の非営利組織は、収益事業についてのみ課税を受ける収益事業課税方式が一切の条件なしに適用され、これが変わることはありません。

これに対して、一般社団法人・一般財団法人は、一定の条件を満たしていれば収益事業課税が適用され、条件を満たしていなければ全所得課税が適用される制度になっています。ですので、条件を満たしているかどうかによって、収益事業課税が全所得課税に変わったり、全所得課税が収益事業課税に変わったりすることが、一般社団法人・一般財団法人の税務上の大きな特徴であり、税務の専門家としておさえておくべき点だと思います。

Question 2　一般社団法人・一般財団法人の性格

　一般社団法人・一般財団法人には、収益事業課税と全所得課税があるのはどうしてですかとよく聞かれますが、税務の専門家としてはどのように説明すればよいでしょうか。

A　一般社団法人・一般財団法人には、非営利活動を行うための組織という面と、相続税対策や会社のように私物化して使われるという面の2つの面があるからです、と説明されてはいかがでしょうか。

解説

　一般社団法人・一般財団法人は、その行う事業の範囲に制約がなく、公益性を担保する制度上の仕組みも有していません。さらに、社員又は設立者に剰余金又は残余財産の分配を受ける権利を与える旨の定款の定めは効力を有しないとされるなど一定の制約が課されていますが、残余財産の帰属先を社員総会等で決定できるなど、営利法人と実質的に同等の活動を行うことも可能な仕組みであると考えられます。

　他方で、一般社団法人・一般財団法人は、事業を行って利益を稼得したり、その利益を構成員等に分配したりすることを目的とせず、営利企業と異なる特性を有する法人として活動する場合の法人格を取得する手段として利用されることが見込まれています。例えば、ある一般社団法人が会員に共通する利益の実現を目的として、会費収入を得て、その目的を達成するための活動資金としてその収入を費消していくことも考えられますが、このような場合には、必ずしも営利企業と同様に法人税を課税する必要はないと考えられます。

　このため、一般社団法人・一般財団法人であっても、営利企業と異なる特性を有する法人については、常に法人税の課税を行うこととせず、

利益を稼得すると認められる事業、すなわち営利企業と競合する収益事業を行う場合のみ課税（収益事業課税方式を適用）することとされました。他方、それ以外の一般社団法人・一般財団法人については、普通法人として全所得課税とされました。このように一般社団法人・一般財団法人については、法人の実態や営利企業との課税のバランスに配慮した課税となっています。

　なお、一般社団法人・一般財団法人は、法人制度としての公益性が担保されているわけではないので、法人が有する公益性に着目した措置である、軽減税率やみなし寄附金の適用はありません。

COLUMN

富士の裾野の演習場で 100 億円の申告漏れ

　里山とは、里の近くにある森林のことです。里山を地域の人が共同で使っていれば、入会地（いりあいち）といいます。入会地は、昔の人々にとって生活に必要な薪を採ったり、山菜を採ったりする欠かせない場所でした。人々の生活の変化とともに入会地の役割も変わり、入会地を国や地方公共団体などに貸し付けるケースも出てきました。

　富士山の裾野に広がる原野は、昔から周辺の住民の入会地として利用されてきました。明治時代に演習場ができた後も、共有地として所有権や入会補償の権益が主張され、戦後は社団法人や財団法人を作って地域で管理されてきました。国からの賃貸収入を社団法人や財団法人で受け取り、周辺の住民に分配してきたのです。国からの賃貸収入は、収益事業課税の法人では、非課税とされています。社団法人や財団法人は、平成20年の公益法人改革までは公益法人でしたので、当然非課税で、住民への分配も問題とされることはありませんでした。しかし、その大らかで牧歌的な時代は、ついに終わりを告げます。

　新しい公益法人制度の下では、このように入会地を管理する法人は公益社団法人や公益財団法人になれませんでした。やむなく一般社団法人や一般財団法人の非営利型法人に移行したものの、以前のように周辺の農家に対してあからさまな分配ができなくなったのです。一般社団法人・一般財団法人には、公益法人並みの収益事業課税を受ける非営利型法人と、会社並みの全所得課税を受ける法人の2種類があります。その中で、非営利型法人は、誰にも私物化されていないことが求められ、特定の個人や法人に特別の利益を与えてはならないこととされています。もし特別の利益を誰かに与えてい

たことがわかって、非営利型法人の否認という事態に至った場合には、その与えていた時点から全所得課税になるだけでなく、それ以前の非課税の留保利益までが、課税を受けることになります。

　平成30年6月8日、静岡県にある陸上自衛隊東富士演習場の土地を国に貸し付け、賃貸収入を得ていた一般社団法人と一般財団法人の10法人が、名古屋国税局から10法人の総額で約100億円の申告漏れを指摘され、追徴税額が過少申告加算税を含めて約20億円に上ることが新聞報道等で明らかになり、衝撃が走りました。賃貸収入で得た利益を地元高齢者への「敬老祝い金」や会員向けの記念品などの形で分配していたのを、「特定の個人や団体への特別の利益」と認定されたのです。その結果、非営利型法人が否認されて全所得課税となり、国からの賃貸収入も非課税ではなくなりました。

　なお、これより2年前の平成28年5月30日には、同じように東富士演習場の賃貸収入を得ていた一般社団法人が、名古屋国税局から3億円の所得隠しを指摘されたことが新聞報道で明らかになっていました。この一般社団法人では、住民ら約80人の会員に対して記念品や現金を渡していたり、関連会社に除草作業などを委託した形にして実際には作業に従事していない会員に給与を支払ったりして分配していたのです。

　入会地は日本各地に散在しており、同じような問題を抱えていると思われることから、今後の動向が注目されるところです。

第2章

非営利型法人

2

ポイント

一般社団法人・一般財団法人の法人税は、その法人が非営利型法人に該当するかどうかで、大きく異なります。

非営利型法人は、法人税法上の公益法人等として、収益事業から生じた所得についてのみ法人税等が課税される収益事業課税の適用を受けます。

非営利型法人以外の法人は、法人税法上の普通法人として、すべての所得について法人税等が課税される全所得課税が適用されます。

該当する法人	法人税法上の法人区分	課税方式
非営利型法人	公益法人等	収益事業課税
非営利型法人以外の法人	普通法人	全所得課税

(1) 非営利徹底型法人

非営利型法人には、非営利徹底型法人と共益型法人の2つの類型があります。

非営利徹底型法人は、次の4つのすべての要件に該当するものとされています（法令3①）。

① その定款に剰余金の分配を行わない旨の定めがあること。
② その定款に解散したときはその残余財産が国若しくは地方公共団体又は次に掲げる法人に帰属する旨の定めがあること。 ⅰ 公益社団法人又は公益財団法人 ⅱ 公益法人認定法第5条第17号イからトまでに掲げる法人
③ ①及び②の定款の定めに反する行為（①、②及び④に掲げる要件のすべてに該当していた期間において、剰余金の分配又は残余財産の分配若しくは引渡し以外の方法（合併による資産の移転を含む。）により特定の個人又は団体に特別の利益を与えることを含む。）を行うことを決定し、又は行ったことがないこと。

④　各理事（清算人を含む。）について、その理事及びその理事と特殊の関係のある者である理事の合計数が、理事の総数の3分の1以下であること。
　　ここで、理事と特殊の関係のある者とは、具体的に次の者ということとされています（法規2の2①）。
　ⅰ　理事の配偶者
　ⅱ　理事と3親等以内の親族
　ⅲ　理事と婚姻の届出をしていないが事実上婚姻関係と同様の事情にある者
　ⅳ　理事の使用人
　ⅴ　ⅰからⅳまでに掲げる者以外の者で理事から受ける金銭その他の資産によって生計を維持しているもの
　ⅵ　ⅲからⅴまでに掲げる者と生計を一にするこれらの者の配偶者又は3親等以内の親族

(2)　共益型法人

　共益型法人は、次の7つのすべての要件に該当する法人とされています（法令3②）。

①　その会員の相互の支援、交流、連絡その他のその会員に共通する利益を図る活動を行うことをその主たる目的としていること。
②　その定款（定款に基づく約款その他これに準ずるものを含む。）に、その会員が会費として負担すべき金銭の額の定め又はその金銭の額を社員総会若しくは評議員会の決議により定める旨の定めがあること。
③　その主たる事業として収益事業を行っていないこと。
④　その定款に特定の個人又は団体に剰余金の分配を受ける権利を与える旨の定めがないこと。
⑤　その定款に解散したときはその残余財産が特定の個人又は団体（国若しくは地方公共団体、公益社団法人又は公益財団法人若しくは公益法人認定法第5条第17号イからトまでに掲げる法人又はその目的と類似の目的を有する他の一般社団法人若しくは一般財団法人を除く。）に帰属する旨の定めがないこと。
⑥　①から⑤まで及び⑦に掲げる要件のすべてに該当していた期間において、特定の個人又は団体に剰余金の分配その他の方法（合併による資産の移転を含む。）により特別の利益を与えることを決定し、又は与えたことがないこと。
⑦　各理事（清算人を含む。）について、その理事及びその理事と特殊の関係のある者である理事の合計数が、理事の総数の3分の1以下であること。

Question 3 非営利型法人の性格

一般社団法人・一般財団法人は法律で剰余金の分配ができないと定められているなど、非営利性の要件を満たしているはずですが、その上さらに税法で非営利型法人の要件を定めているのはなぜですか。

A 一般社団・財団法人法で定める規律は法人の自主性に委ねられており、他の非営利法人のように行政が監督する仕組みになっていません。そこで税法は、一般社団法人・一般財団法人に対する収益事業課税の適用に当たって、改めて税法上の非営利性の要件を定め、該当するかどうかを判定しています。

解説

一般社団・財団法人法は、一般社団法人については「社員に剰余金又は残余財産の分配を受ける権利を与える旨の定款の定めは、その効力を有しない。」（一般社団・財団法人法11②）、「社員総会は、社員に剰余金を分配する旨の決議をすることができない。」（一般社団・財団法人法35③）などの定めを置き、一般財団法人については、「設立者に剰余金又は残余財産の分配を受ける権利を与える旨の定款の定め」は、「その効力を有しない」（一般社団・財団法人法153③二）としていますが、その運営は法人の自主性に委ねられており、NPO法人や社会福祉法人などの他の非営利法人のように行政が監督する仕組みになっていないため、実態として剰余金の分配が行われ私物化されていても律することはできません。

そこで、税法は、一般社団法人・一般財団法人のうち、非営利性を有する法人を区分して、他の非営利法人と同じように収益事業課税を適用する「非営利型法人」の制度を設けました。非営利型法人は、次の2つ

の類型に分けられています。一つは、私物化しないことを定款等で定め、親族支配の実態がない法人です。もう一つは、多くの会員のための事業を行い、親族支配の実態がない法人です。

① 非営利性が徹底されている法人（非営利徹底型法人）

　その行う事業により利益を得ること又はその得た利益を分配することを目的としない法人であってその事業を運営するための組織が適正であるもの（法法２九の二イ）。

② 共益的活動を目的とする法人（共益型法人）

　その会員から受け入れる会費により当該会員に共通する利益を図るための事業を行う法人であってその事業を運営するための組織が適正であるもの（法法２九の二ロ）。

Question 4 非営利性が徹底されている法人（非営利徹底型法人）

非営利性が徹底されている法人は、どういう点が徹底されていて、どういうことができないようになっているのですか。

A 非営利徹底型法人は、まず剰余金の分配だけでなく、残余財産の分配や、隠れて特定の者に利益を与えることを含む利益の分配ができないようになっています。それから、法人を親族等で私物化することができないようになっています。

解説

非営利徹底型法人は、次の4つのすべての要件に該当するものとされています（法令3①）。

① その定款に剰余金の分配を行わない旨の定めがあること。

② その定款に解散したときはその残余財産が国若しくは地方公共団体又は次に掲げる法人に帰属する旨の定めがあること。

　ⅰ 公益社団法人又は公益財団法人

　ⅱ 公益法人認定法第5条第17号イからトまでに掲げる法人

③ ①及び②の定款の定めに反する行為（①、②及び④に掲げる要件のすべてに該当していた期間において、剰余金の分配又は残余財産の分配若しくは引渡し以外の方法（合併による資産の移転を含む。）により特定の個人又は団体に特別の利益を与えることを含む。）を行うことを決定し、又は行ったことがないこと。

　この要件を欠くことにより普通法人に該当することとなった一般社団法人又は一般財団法人は、その該当することとなった日の属する事業年度以後の事業年度において、再び非営利徹底型法人に該当することはないとされています（法基通1−1−9）。

④ 各理事（清算人を含む。）について、当該理事及び当該理事と特

殊の関係のある者である理事の合計数が、理事の総数の３分の１以下であること。

　ここで、理事と特殊の関係のある者とは、具体的に次の者ということとされています（法規２の２①）。

　　ⅰ　当該理事の配偶者
　　ⅱ　当該理事の３親等以内の親族
　　ⅲ　当該理事と婚姻の届出をしていないが事実上婚姻関係と同様の事情にある者
　　ⅳ　当該理事の使用人
　　ⅴ　ⅰからⅳまでに掲げる者以外の者で当該理事から受ける金銭その他の資産によって生計を維持しているもの
　　ⅵ　ⅲからⅴまでに掲げる者と生計を一にするこれらの者の配偶者又は３親等以内の親族

　なお、使用人（職制上使用人としての地位のみを有する者）以外の者でその一般社団法人又は一般財団法人の経営に従事しているものは、その一般社団法人又は一般財団法人の理事とみなして、この要件を判定することとされています（法令３③）。

　この要件に該当するかどうかの判定は、原則として、判定されるときの現況によるとされていますが、例えば、非営利型法人が理事の退任に基因してその要件に該当しなくなった場合において、その該当しなくなった時から相当の期間内に理事の変更を行う等により、再度その要件に該当していると認められるときには、継続してその要件に該当しているものと取り扱って差し支えないとされています（法基通１−１−12）。

Question 5　共益的活動を目的とする法人（共益型法人）

共益的活動を目的とする法人は、どういう法人に適していますか。

 共益型法人は、会員の会費で運営され、残余財産が残った場合には会員に返還して解散するような法人に適しています。

解説

共益型法人は、次の7つのすべての要件に該当する法人とされています（法令3②）。

① その会員の相互の支援、交流、連絡その他のその会員に共通する利益を図る活動を行うことをその主たる目的としていること。

一般社団法人又は一般財団法人の定款には、絶対的記載事項として目的を記載しなければなりませんが、この要件を満たすには、共益的な活動を行うことを主たる目的として記載する必要があります。なお、ここにいう会員と社員とは異なるものであり、会員の数や目的の内容などは問題にされていません。

② その定款（定款に基づく約款その他これに準ずるものを含む。）に、その会員が会費として負担すべき金銭の額の定め又はその金銭の額を社員総会若しくは評議員会の決議により定める旨の定めがあること。

共益的活動を行う法人の会費が恣意的に定められるのでなく、会員の牽制がある中で適正な手続きに基づいて定められることを、この要件は求めています。

③ その主たる事業として収益事業を行っていないこと。

この要件の判定に当たっては、非営利型法人が行う場合に収益事業の範囲から除外されている事業については収益事業に含めないこ

ととされています（法令3④、法規2の2②）。なお、本要件は、非営利型法人に該当していなかった期間においてまで、主たる事業として収益事業を行っていなかったことを求めているものではありません。

　主たる事業の判定は、原則としてその法人が主たる事業として収益事業を行うことが常態となっていないかどうかにより判定されます。具体的には、事業の態様に応じて、例えば、収入金額や費用の金額等の合理的指標を総合的に勘案し、収益事業以外の事業の割合がおおむね50％を超えるかどうかにより判定されます。ただし、その法人の行う事業の内容に変更があるなど、収益事業の割合と収益事業以外の事業の割合の比に大きな変動を生ずる場合を除き、その事業年度の前事業年度における合理的指標による収益事業以外の事業の割合がおおむね50％を超えるときには、その法人は、その事業年度の開始の日において「主たる事業として収益事業を行っていない」場合に該当しているものとして差し支えないとされています（法基通1－1－10）。逆に、収益事業以外の事業の割合がおおむね50％を超えないとしても、そのことのみをもって「主たる事業として収益事業を行っていない」場合に該当しないことにはならないとされています。

④　その定款に特定の個人又は団体に剰余金の分配を受ける権利を与える旨の定めがないこと。

⑤　その定款に解散したときはその残余財産が特定の個人又は団体（国若しくは地方公共団体、公益社団法人又は公益財団法人若しくは公益法人認定法第5条第17号イからトまでに掲げる法人又はその目的と類似の目的を有する他の一般社団法人若しくは一般財団法人を除く。）に帰属する旨の定めがないこと。

　一般社団・財団法人法では、社員や設立者に剰余金又は残余財産の分配を受ける権利を与える旨の定款の定めは効力を有しないとされています。したがって、この要件は社員や設立者以外の者にその

権利を与えることを排している、すなわち、誰に対しても持分的地位を与えることを排していますが、「非営利性が徹底されている法人」のように、剰余金の分配や残余財産の分配を行うことを自主的に封じることまで求めているわけではありません。

その意味では、この法人は"非営利性が徹底されていない法人"といえます。

⑥ ①から⑤まで及び⑦に掲げる要件のすべてに該当していた期間において、特定の個人又は団体に剰余金の分配その他の方法（合併による資産の移転を含む。）により特別の利益を与えることを決定し、又は与えたことがないこと。

非営利性が徹底されている法人の要件と異なるのは、残余財産の分配が除かれている点です。したがって、剰余金の分配を決定することや行うこと、過去に行ったことはこの要件に反しますが、残余財産については、社員総会の決議によって残余財産を社員に分配するようなことがあってもこの要件には抵触しません。

⑦ 各理事（清算人を含む。）について、その理事及びその理事と特殊の関係のある者（親族等）である理事の合計数が、理事の総数の3分の1以下であること。

理事の要件についても、非営利性が徹底されている法人と同様です。

結論として、共益型法人は、剰余金の分配はできませんが、残余財産の分配は可能な仕組みになっています。

　非営利型法人ではない法人が、非営利型法人になるのに何か支障
はありますか。

A　　非営利型法人でない法人は、非営利型法人の要件を満たすことにより非営利型法人になることができます。その際、非営利型法人以外の法人として行った行為が、非営利型法人の要件を満たすのに支障になることは特にありません。ただし、非営利型法人になった日で事業年度を区切って決算・申告を行う必要があります。また、繰越欠損金の引継ぎができない点には注意が必要です。

解説

　一般社団法人・一般財団法人のうち、非営利型法人以外の法人は、全所得課税を受ける「普通法人」と定められています。非営利型法人は、収益事業課税を受ける「公益法人等」に含まれます。

　普通法人が公益法人等に該当することとなった場合、課税所得の範囲が変更になることから、それまでの課税関係を清算するため、該当日の前日に解散したものとみなし、該当日以後はその該当日に設立されたものとみなして、次のように法人税法の規定が適用されることとなります。

① 　欠損金の繰戻し還付制度等について、その該当日の前日に普通法人が解散したものとみなして適用されます。また、その該当日の前日の属する事業年度について、貸倒引当金の繰入れは認められません（法法10①、52⑫）。

② 　青色欠損金の繰越し制度等について、その該当日に公益法人等が設立されたものとみなして適用されます（法法10②）。

7　非営利型法人からの移行

非営利型法人が、非営利型法人以外の法人になると、何か支障が
ありますか。

A 　非営利型法人は、非営利型法人の要件を満たさなくなること
により、非営利型法人以外の法人に該当することになります。
すると、課税関係が大きく変わりますので、過去に遡って全所得課税を
受けるのに等しい課税関係の清算を迫られることになります。

解　説

(1)　課税関係の清算

収益事業課税から全所得課税となる場合は、原則として特定のものに
分配されないことを前提に非課税とされてきた収益事業以外の事業から
生じた所得の累積額について、構成員等に分配することも可能となりま
す。そこで、このような場合には、非課税とされていた前提が存在しな
くなったことから、この時点で全所得課税が行われていたとしたなら
ば、課税されていたであろう部分について、課税所得を構成するものと
されました。逆に、全所得課税が行われていたとしたならば欠損金額と
されていた部分については課税所得から控除することとされました。

そこで、非営利型法人が、非営利型法人以外の法人である普通法人に
該当することとなった場合には、その該当することとなった日（「移行
日」）前の収益事業以外の事業から生じた所得の累積額として計算した
金額（「累積所得金額」）又は移行日前の収益事業以外の事業から生じた
欠損金額の累積額として計算した金額（「累積欠損金額」）に相当する金
額は、移行日の属する事業年度の所得の金額の計算上、益金の額又は損
金の額に算入します（法法64の4①）。

(2)　累積所得金額又は累積欠損金額の計算（法令131の4①）

　累積所得金額は、移行日における資産の帳簿価額が負債帳簿価額等（負債の帳簿価額並びに資本金等の額及び利益積立金額の合計額）を超える部分の金額とされます。

　累積欠損金額は、移行日における負債帳簿価額等（負債の帳簿価額並びに資本金等の額及び利益積立金額の合計額）が資産の帳簿価額を超える部分の金額とされます。

(3)　非収益事業の欠損金の活用

　非収益事業で多額の欠損金が累積していても、非営利型法人のままでは、非収益事業の欠損金を収益事業の所得から控除することはできません。しかし、非営利型法人から普通法人に移行すれば、累積欠損金額を全所得課税計算の損金の額に算入することを通じて活用することが可能となります。

8 2つの類型の選択

非営利型法人には2つの類型がありますが、どちらを選択した方が有利でしょうか。

A 非営利型法人には、①非営利性が徹底されている法人と②共益的活動を目的とする法人の2つの類型がありますが、どちらを選択した方が有利ということは特にありません。

ただ、税務上の安定性の観点からすると、①非営利性が徹底されている法人の方がより安定しているといえます。

解説

共益的活動を目的とする法人には、「主たる事業として収益事業を行っていないこと」という要件があります。これは、税務上の収益事業の割合が50%を超えていないかどうか、収入や費用などの合理的指標によって判定されることとなっています。

しかし、この場合には、法人において収益事業ではないと認識していた事業が収益事業に該当したために50%を超えてしまうこともあり得ますので、共益的活動を目的とする法人の該当性は不安定な面があります。

非営利性が徹底されている法人は、収益事業の割合などは要件になっていませんので、この点は安定しています。

Question

9 2つの類型の変更

共益型法人から、非営利徹底型法人に変わるのに何か支障はありますか。

A 共益的活動を目的とする法人が、非営利性が徹底されている法人に変わるには、定款を変更することが必要になりますが、特に支障はありません。

解説

非営利型法人の2つの類型は、それぞれが全く別個の制度として定められており、相互に関係することはありません（法令3①、②）。共益型法人から非営利徹底型法人への変更は、どちらも収益事業課税を受ける非営利型法人ですから、課税関係は変わらず、税務上何らの処理も必要ありません。

Question 10 共益型法人の収益事業比率

　非営利型法人のうち共益型法人は、「主たる事業として収益事業を行っていないこと」が求められていますが、自ら収益事業を行っていなくても、100%子会社を作って収益事業を行わせると、共益型法人が収益事業を行っていることになりはしないのでしょうか。

A　共益型法人の100%子会社が収益事業を行っていても、共益型法人が自ら収益事業を行っている取扱いにはならないと思われます。

解説

　公益法人等の行う事業につき、次に掲げるような事情がある場合には、その公益法人等が自ら収益事業を行っているものとして取り扱うことになるのであるから留意するとされています（法基通15−1−2）。

(1)　公益法人等が収益事業に該当する事業に係る業務の全部又は一部を委託契約に基づいて他の者に行わせている場合

(2)　公益法人等が、収益事業に該当する事業を行うことを目的とする組合契約（匿名組合契約を含む。）その他これに類する契約に基づいて当該事業に関する費用及び損失を負担し、又はその収益の分配を受けることとしているため、実質的に自ら当該事業を行っていると認められる場合

(3)　公益法人等が受益者課税信託の受益者（法人税法第12条第2項（信託財産に属する資産及び負債並びに信託財産に帰せられる収益及び費用の帰属）の規定により、同条第1項に規定する受益者とみなされる者を含む。）である場合において、当該信託に係る受託者における当該信託財産に係る事業が法人税法施行令第5条1項各号（収益事業

の範囲》に掲げる事業のいずれかに該当するとき

　これは、委託契約等によって行わせている事業が収益事業であるにもかかわらず、公益法人等が受けるその事業の収益が課税を受けないことによって生じる課税上の弊害に対する防止措置といえます。

　その観点からすれば、非営利型法人のうち共益型法人が100%子会社を作って収益事業を行わせることは、100%子会社の側で法人税等の課税を受けるので、課税上の弊害は生じないと考えることができます。

　ですので、共益型法人の100%子会社が収益事業を行っていても、共益型法人が自ら収益事業を行っている取扱いにはならないと思われます。

Question 11　特別の利益を与えてはいけない理由

非営利型法人は、特定の者に「特別の利益を与えないこと」が求められますが、これはなぜですか。

A　特定の者に特別の利益を与えるのは、法人を私物化していることの表れであり、留保利益を分配していることと変わりません。非営利型法人は、何者にも私物化されず、留保利益の分配も行わないことが求められているからです。

解説

我が国の法人税法では、法人が私物化され、留保利益が分配可能な場合、その源泉である当期利益に対しては、分配時の個人に対する所得税の前取りとして、全面的に法人税等を課税する全所得課税制度をとっています。会社や協同組合等、持分の定めのある社団医療法人等に対する課税がこれに当たります。

非営利型法人は、全所得課税ではなく、収益事業に対してのみ課税を受ける収益事業課税制度が適用されますが、このためには、非営利型法人は、何者にも私物化されず、留保利益の分配も行わないことが求められます。

　非営利型法人が特定の者に与えてはいけないとされる「特別の利益」とはどのようなものですか。

A　　特別の利益とは、特定の者に対する経済的利益の供与又は金銭その他の資産の交付で、社会通念上不相当なものをいいます。

解説

　特定の者に対する経済的利益の供与又は金銭その他の資産の交付で、社会通念上不相当なものの例としては、次のものが挙げられています（法基通1－1－8）。

① 　法人が、特定の個人又は団体に対し、その所有する土地、建物その他の資産を無償又は通常よりも低い賃貸料で貸し付けていること。

② 　法人が、特定の個人又は団体に対し、無利息又は通常よりも低い利率で金銭を貸し付けていること。

③ 　法人が、特定の個人又は団体に対し、その所有する資産を無償又は通常よりも低い対価で譲渡していること。

④ 　法人が、特定の個人又は団体から、通常よりも高い賃借料により土地、建物その他の資産を賃借していること又は通常よりも高い利率により金銭を借り受けていること。

⑤ 　法人が、特定の個人又は団体の所有する資産を通常よりも高い対価で譲り受けていること又は法人の事業の用に供すると認められない資産を取得していること。

⑥ 　法人が、特定の個人に対し、過大な給与等を支給していること。

　このほか、特別な利益の例として、役員等の選任その他財産の運用及

び事業の運営に関して特別の利益を与えることも含まれるとされ（相令33③二）、また、具体的な例として次のものも挙げられています（租税特別措置法第40条第1項後段の規定による譲渡所得等の非課税の取扱いについて19（2））。

・債務に関して、保証、弁済、免除又は引受けをすること。
・契約金額が少額なものを除き、入札等公正な方法によらないで、物品の販売、工事請負、役務提供、物品の賃貸その他の事業に係る契約の相手方となること。
・事業の遂行により供与する公益を主として、又は不公正な方法で与えること。

13 公益法人への寄附と特別の利益

動物好きの会員で運営している共益型法人が、動物保護の事業を行っている公益財団法人に寄附をする場合、特別の利益に該当しないでしょうか。

A 　公益法人が行っている公益を目的とする事業のためにする寄附金は、特定の個人又は団体に特別の利益を与えることとは異なるとされています。

解 説

公益社団法人又は公益財団法人、学校法人、社会福祉法人、独立行政法人等に対する寄附金は、特定の個人又は団体に特別の利益を与えることに該当しないと考えられています。

Question 14 特別の利益に該当する事業の範囲

非営利型法人が与えてはいけないとされる特別の利益には、収益事業だけでなく収益事業以外の事業も含まれるのはどうしてですか。

A 特別の利益は、収益事業、非収益事業の範囲を超えて、法人の本質に関わる問題ですので、収益事業だけに限定されません。

解説

一般社団法人・一般財団法人は、誰も持ち分を有しない、法人を所有する仕組みのない法人制度として設けられています。しかし、他の非営利法人制度のように行政が監督することなく、準則主義による設立・運営がなされているため、実態として私物化し所有することも可能となっています。

そこで、法人税法は、一般社団法人・一般財団法人は、会社などと同じように私物化されることを前提として、すべての事業に対する全所得課税を原則としました。

その上で、例外として、私物化しないことを宣言した法人やそもそも私物化の性格を有しない法人を、非営利型法人として、全所得課税ではない収益事業課税を適用することとしたものです。

特別の利益を与えることは、法人の私物化に他なりませんので、収益事業だけでなく非収益事業においても行うことは許されません。

15 特別の利益を提供した場合

　非営利徹底型法人が、特定の者に特別の利益を提供した場合には
どうなりますか。

A　　非営利徹底型法人が、特定の者に特別の利益を提供した場合
は、その事由が生じた日以後は、非営利徹底型法人の要件を満
たさないため、普通法人に該当することとなります。

解 説

　非営利徹底型法人が、非営利徹底型法人の他の３つの要件を充足して
いる期間に、特定の者に特別の利益を与えた場合には、その該当するこ
ととなった日の属する事業年度以後の事業年度において、再び非営利徹
底型法人に該当することはないとされています（法基通１−１−９）。

　つまり、非営利徹底型法人のような振りをして、特別の利益を与えた
法人は、もう二度と非営利徹底型法人になることはできないということ
です。非営利型法人の制度は、要件の充足を課税庁が認定したり監督す
るのではなく、それぞれの法人が自主的に規律することが求められてい
るわけですが、仮装して特別の利益を与えるような法人は、そこにいる
資格もなければ、戻ってくる資格もないというようなことでしょうか。

16 一人一般社団法人

一人社団法人は、非営利型法人になることはできないと聞きました
が、どうしてですか。

A 非営利型法人は、理事の3分の2以上が親族でない理事であ
ることが要件になっていますが、理事が1人だけの一人社団法
人では、その要件が満たせないからです。

解説

社団法人は人の集まりとされますが、一般社団法人は設立時に社員が
2人以上いればよく、設立後は社員が1人でも存続できます。社員が1
人で、その社員が単独で理事に就任するだけの一般社団法人を、一人一
般社団法人といいます。

一方、非営利型法人は、運営組織が適正であることの要件として、各
理事（清算人を含む。）について、その理事及びその理事と特殊の関係
のある者（親族等）である理事の合計数が、理事の総数の3分の1以下
であることが必要とされています。

一人一般社団法人の理事の総数は、1人。これを分母として、分子の
理事の合計数は1人ですから、割合は1になり、3分の1の要件を満た
せないこととなります。

つまり、一人一般社団法人は、非営利型法人にはなれないというのが
結論です。

COLUMN

なくならない社団、財団の横領事件

　企業が資金を出して設立した財団法人を企業財団と呼びます。企業財団の事務局には企業からの出向者がいて、企業は設立後も管理費、事業費を負担していることが少なくありません。

　ある公益財団法人で、1億円にも上る横領事件が発覚したのは、平成26年3月のことでした。この公益財団法人は典型的な企業財団の一つで、資金を出したのは大手広告代理店です。

　横領したのは、この広告代理店から13年前に出向して事務局次長を務める60代の職員です。経理を1人で任されていた立場を利用して、平成18年から発覚するまでの間に、1億円以上の現金を横領していたというのです。横領したお金は、ほとんど競馬に使ったとかでもちろん残っていませんでした。

　公益法人を監督する立場の内閣府では、こうした横領事件が公益法人や一般社団法人・一般財団法人で数多く起きていることを憂慮して、全国の公益法人や一般社団法人・一般財団法人に対して、再三にわたって注意喚起を行っています。内閣府から出ている『事例から学ぶ財産管理』では、3つの法人における実際の横領のケースが取り上げられています。1番目に取り上げられているのがこの企業財団のケースです。2番目は、全国に多数の支部を有する公益社団法人で、ある支部の経理係長が通帳と印鑑、キャッシュカードを1人で管理していたため、数年間で数千万円を横領したという事件。そして3番目が、多額の現金を保有していたことから、現金の出し入れを1人で管理していた会計係長によって、1年半の間に数千万円の現金が横領されてしまった財団法人のケースです。

　3つの事件のいずれも、現金や預金の管理を1人に任せていたことが直接の原因であることは明らかですので、金銭の出納と経理

の担当者を別にして相互牽制の仕組みを徹底することや、理事や監事が適宜チェックすることなどが強く求められます。とはいえ、根本的な原因としては、やはり公益法人や一般社団法人・一般財団法人における役員や職員の「どうせ一時の出向や充て職で、自分のカネじゃない、自分のウチじゃない」という当事者意識の欠如ではないでしょうか。

　しかし、そう言っている傍から、またまた横領事件が発覚しました。平成 29 年 3 月 2 日の新聞記事で、東京都港区にある一般財団法人で、約 5,000 万円を横領した経理担当職員が逮捕されたと報じられています。社団、財団の横領は、なかなかなくなりそうにありません。

第**3**章

会計

(1) 公益法人会計基準と企業会計基準

　一般社団法人・一般財団法人の会計は、「その行う事業に応じて、一般に公正妥当と認められる会計の慣行に従うものとする。」(一般社団・財団法人法119) と規定されています。他に会計基準のようなものが定められているわけではありません。そこで、その事業に応じて「企業会計の基準」や「公益法人会計基準」などを適用して、会計処理を行い、会計帳簿を作成し、それに基づいて決算書としての計算書類を作成し決算報告を行います。

　一般社団法人・一般財団法人の計算書類は、貸借対照表と損益計算書と定められています(一般社団・財団法人法123②)。一般社団法人・一般財団法人に公益法人会計基準を適用する場合には、損益計算書は正味財産増減計算書に該当することとなります。

　公益法人会計基準では、経常収益から経常費用を引いて当期経常増減額を表示し、これに経常外収益、経常外費用を加減して当期一般正味財産増減額を表示します。利益や損失などの価値を示す表示をしないのが特徴の一つです。また、経常費用は事業費と管理費に区分することにより、費用の使途を明確にしています。収益よりも費用の使途の報告に主眼が置かれているのが公益法人会計基準の特徴です。一般社団法人・一般財団法人が非営利型法人である場合には、公益法人会計基準がおおむね適合するといえます。

　企業会計基準は、企業が利益を得たのか、それとも損失を生じたのかの価値を示し、費用よりも収益の報告に主眼が置かれます。一般社団法人・一般財団法人が非営利型法人以外の法人である場合には、企業会計の基準がおおむね適合するものといえます。

(2) 公益法人会計基準の適用のポイント

　公益法人会計基準では、資産と負債の差額である正味財産が、一般正味財産と指定正味財産に区分され、法人の事業や存続を支える財源として使い分けられています。正味財産増減計算書は、大きく「一般正味財

産増減の部」と「指定正味財産増減の部」に区分されて、正味財産の増減の状況が示されます。これは、上下に2つのP/Lが接合したような形です。

　受取寄附金や受取補助金などで使途等が指定されているものは、いったん指定正味財産の財源（財布）に入れられますが、実際に使われるときには一般正味財産の財源（財布）に移し替えられて、一般正味財産の財源（財布）から具体的な費用に充当されます。

Question 17 一般社団法人・一般財団法人の会計

一般社団法人・一般財団法人の会計は何に基づいて行うのがよい
でしょうか。

A 非営利型法人については、公益法人会計基準が合うと思いま
す。非営利型法人以外の法人は、企業会計基準が合うのではな
いでしょうか。

解 説

(1) 一般社団・財団法人法の規定

一般社団法人・一般財団法人の会計は、「その行う事業に応じて、一
般に公正妥当と認められる会計の慣行に従うものとする。」（一般社団・
財団法人法 119、199）とされています。

会計の慣行は、特定の法人により「公正妥当」と主張されるだけでな
く、明文化されるなど、広く流布し受け入れられていると客観的に判断
できる必要があり、そのような会計の慣行として公益法人会計基準、企
業会計基準など各種の「会計基準」とそれぞれの下の慣行があるとされ
ます。

(2) 非営利型法人の会計基準

会社などの企業会計と非営利法人の会計の大きな違いは、企業会計が
業績の計算・報告に目的があるのに対して、非営利法人は費用・支出が
適正に行われていることの報告に主眼があるところです。したがって、
企業会計基準は会社の業績の計算・報告に合うように作られ、公益法人
会計基準は費用・支出が適正に行われていることの報告に合うように作
られています。

一般社団法人・一般財団法人でも、およそ非営利型法人とそれ以外の
法人では事業の性格に大きな違いがありますので、会計慣行も、「その

行う事業に応じて」、おおよそですが、非営利型法人は公益法人会計基準を選択し、非営利型法人以外の法人は企業会計基準を選択するのが合うのではないでしょうか。

　小さな一般社団法人（非営利型法人）です。公益法人会計基準は荷が重いなと思っていたら、NPO 法人会計基準というのがあることを知りました。NPO 法人会計基準ではいけませんか。

A　　NPO 法人会計基準でもよいと思いますが、一般社団法人（非営利型法人）と特定非営利活動を主として行う NPO 法人とは明確に異なるところがありますので、その点に注意しながら適用してください。

解説

(1)　NPO 法人の会計

　NPO 法人は、平成 24 年に、収支計算書を作成する収支会計から、活動計算書を作成する損益会計に変わりました。その会計基準が NPO 法人会計基準となっています。この変更によって、いち早く平成 18 年から損益会計に変わっていた公益法人会計基準と基本的なところは同じものになりました。

(2)　会計基準の違い

①　正味財産の区分

　公益法人会計基準では、正味財産に一般正味財産と指定正味財産の区分がありますが、NPO 法人会計基準では、正味財産の区分はなく、必要な場合に指定正味財産の区分ができることになっていますので、通常は指定正味財産の区分を設ける必要がありません。

②　会計区分の必要

　公益法人会計基準では、事業と管理で会計区分を別にし、また事業ごとにその会計を細分化する考え方になっていますが、NPO 法人会計基準では、特定非営利活動に係る事業とその他の事業については会計を区

分しますが、事業ごとの区分は注記事項になっています。

③　ボランティアの受入れ等の計上

　NPO 法人会計基準では、ボランティアの受入れをした場合や無償等による施設の提供等を受けた場合に、その評価額を収益に計上し同額を費用に計上する取扱いがあります。

　公益法人会計基準には、そうした扱いはなく、一般社団法人・一般財団法人にもそれはないものと思われます。

(3)　法制度の違い

①　財産目録

　NPO 法人は財産目録の作成義務がありますが、一般社団法人・一般財団法人は作成義務はありません。

②　附属明細書

　一般社団法人・一般財団法人は、附属明細書の作成義務がありますが、NPO 法人は作成義務はありません。

Question 19 計算書類の種類

一般社団法人が必要な決算の書類は貸借対照表と損益計算書とされ、他の非営利法人のように財産目録は特に求められていませんが、なぜでしょうか。

A 一般社団法人・一般財団法人の会計は、会社と同じく、期間損益計算に軸足を置いて、継続記録に基づいて作成される貸借対照表と損益計算書のみで足りると考えられたものと思われます。

解説

一般社団法人・一般財団法人が作成を義務付けられている決算の書類（計算書類）は、確かに、貸借対照表及び損益計算書とされ（一般社団・財団法人法123②）、財産目録の作成は求められておりません。

これは他の非営利法人の法律が民法の規定に基づいて定められているのに対して、一般社団・財団法人法が会社法にならって定められていることに基因するものと思われます。その背景には、他の非営利法人においては主務官庁の監督のために財産目録が必要とされるのに対して、一般社団法人・一般財団法人には会社と同じく行政の監督はありませんので、財産目録は特に必要とされなかったと考えられます。

ちなみに、一般社団法人・一般財団法人が公益認定を受けて公益法人になり、行政の監督を受けるようになると、財産目録の作成が必要になります。

非営利型法人ですが、公益法人会計基準を適用すると、正味財産を一般正味財産と指定正味財産に区分するのはなぜですか。

A　公益法人の会計は、会社のように業績を報告することに目的があるのではなく、広く集めた会費や寄附金、補助金などの財源を、適正な費用に充てて使っていることを報告するのが目的です。

そこで、法人の財源を特定の費用に充てるための財源とそれ以外の財源に区分して、事業や費用との対応関係を示しながら報告することにしたものです。それで、指定正味財産と一般正味財産に区分されました。

解説

(1)　寄附金について

法人が特定の事業や費用に充てるための寄附金を受け入れた場合には、正味財産増減計算書の指定正味財産増減の部に「受取寄附金」として計上するとともに、貸借対照表の指定正味財産の区分に「寄附金」として計上します。

その寄附金を、事業や費用に充てる場合には、正味財産増減計算書の指定正味財産増減の部に「一般正味財産への振替額」として計上するとともに、一般正味財産増減の部に「受取寄附金振替額」として計上します。

(2)　補助金について

法人が国や地方公共団体等から補助金等を受け入れた場合には、正味財産増減計算書の指定正味財産増減の部に「受取補助金等」として計上するとともに、貸借対照表の指定正味財産の区分に「国庫補助金等」として計上します。

その補助金を、事業や費用に充てる場合には、正味財産増減計算書の

指定正味財産増減の部に「一般正味財産への振替額」として計上すると
ともに、一般正味財産増減の部に「受取補助金等振替額」として計上し
ます。

一般社団法人と一般財団法人の違い

一般社団法人と一般財団法人の会計に、違いはありますか。

A 　一般社団法人は社員（会員）で構成される組織ですので、経常収益に受取会費が計上されます。一般財団法人は、財産を中心とする組織ですので、資産の部に基本財産が計上されます。

解説

(1) 一般社団法人の会計

　一般社団法人は社員から会費を徴収して、経常収益の受取会費に計上し、それを事業費の何に費やし、管理費の何に充当したのかを明らかにする必要があります。まとまった資金が必要な場合は、基金を募集して、資金を集めることができますが、最劣後負債に位置づけることができますので、会計上は負債の部ではなく正味財産の部に計上します。

(2) 一般財団法人の会計

　一般財団法人は、設立者等からまとまった財産の拠出を受け、これを資産の部の基本財産に計上し、その運用益を事業に充てますが、十分でない場合は賛助会員を募って賛助会費を集めます。賛助会費は社団法人の会費と異なり、受取寄附金の性格を有しています。

Question 22 一般財団法人の拠出金の処理

一般財団法人の設立に当たって、設立者から拠出される財産の会計処理は、どのようにすればよろしいでしょうか。

A 　会計処理を仕訳で示すと、借方は預金なり、投資有価証券なり、不動産なり、それぞれの資産科目を計上し、貸方は、収益科目の受取寄附金として処理します。

（現預金・投資有価証券・不動産）×××　（受取寄附金）×××

解説

　一般財団法人の設立者は、定款を作成し、設立時評議員、設立時理事、設立時監事などを定めた上で、定款に定めた財産の拠出を終えたら、そこで退場です。以後、この一般財団法人に対して設立者として法的な権限などを有することはありません。

　ときに、会社の出資金のようなイメージを持たれているケースもなきにしもあらずですが、もともと一般財団法人や一般社団法人は会社のように誰かが所有する仕組みが存在せず、所有する者のない法人ですので、設立者が拠出した財産は、単なる寄附金に過ぎません。

　ですので、会計上は受取寄附金で処理しますが、これを長く表示したいという意向がある場合には、一般正味財産ではなく指定正味財産として処理すれば、貸借対照表の正味財産の部に寄附金として残すことができます。また、資産項目としても特別に表示したいという場合には、基本財産に計上すれば、長く残すことができます。

一般正味財産への振替額

正味財産増減計算書の「Ⅱ．指定正味財産増減の部」に、「一般正味財産への振替額」が出てきますが、この意味がよくわかりません。どういう風に理解すればいいですか。

A 指定正味財産という財布から、一般正味財産という財布に、財産を移動したという風に考えられないでしょうか。ただ、この財布は、お金のような資産が入っている通常の財布ではなく、正味財産という経済的価値が入っている特別の財布だという風に理解してください。

解説

下記の計算例で説明します。

寄附金でも使途が特定された寄附金（50,000,000）や特定の事業に充てる補助金（30,000,000）は、正味財産増減計算書の「Ⅱ．指定正味財産増減の部」に計上します。また、指定正味財産を充当している基本財産の運用益（100,000）も、「Ⅱ．指定正味財産増減の部」に計上します。

このうち、受取寄附金（5,000,000）、受取補助金（3,000,000）、基本財産運用益（100,000）を事業費や管理費として使うという場合には、「一般正味財産への振替額」という科目で、指定正味財産から一般正味財産に移してから使います。なぜなら、事業費や管理費は、「Ⅰ．一般正味財産増減の部」にしか計上されないからです。そして、そのことを示しているのが、受取寄附金振替額、受取補助金振替額などの科目です。

正味財産増減計算書

Ⅰ．一般正味財産増減の部

    経常収益

基本財産運用益	100,000
受取寄附金振替額	5,000,000
受取補助金振替額	3,000,000

Ⅱ．指定正味財産増減の部

基本財産運用益	100,000
受取寄附金	50,000,000
受取補助金	30,000,000
一般正味財産への振替額	△8,100,000
当期指定正味財産増減額	72,000,000
指定正味財産期首残高	0
指定正味財産期末残高	72,000,000

Question 24　正味財産の誤り

　一般の募金は一般正味財産で受けていますが、使途が指定された寄附金は指定正味財産で受けて、一般正味財産に振り替えて事業に充てるようにしています。前期に、一般正味財産で受けた寄附金が、使途指定の寄附金であることがわかりました。一般正味財産から、指定正味財産に振り替えていいでしょうか。

A　指定正味財産から一般正味財産への振替えはできますが、一般正味財産から指定正味財産への振替えはできません。

解説

　指定正味財産から一般正味財産への振替えは一方通行で、逆方向への振替えはありません。したがって、過年度遡及会計基準を適用し、過去の誤謬の訂正として、処理する必要があります。

(1)　過年度遡及会計基準の適用

　過年度遡及会計基準を適用する場合には、前年度の財務諸表を修正するとともに、当年度の財務諸表に下記の注記をする必要があります。

【過去の誤謬の修正再表示に関する注記】

（過去の誤謬の修正再表示）

　当法人が前年度において受領した寄附金××円が、誤って前年度の一般正味財産増減の部の受取寄附金として計上されていた。前年度の財務諸表は、この誤謬を訂正するために修正再表示している。

　これにより、修正再表示を行う前と比べて、前年度の貸借対照表は、○○積立資産、指定正味財産がそれぞれ××円増加し、現金預金、一般正味財産がそれぞれ同額減少している。前年度の正味財産増減計算書は、一般正味財産増減の部の受取寄附金が××円減少し、この結果、当

期経常増減額及び当期一般正味財産増減額が同額減少しており、指定正味財産増減の部の受取寄附金が××円増加し、当期指定正味財産増減額が同額増加している。

(2)　経常外区分の過年度損益修正で処理する方法

　過年度遡及会計基準を適用しない場合には、当期の正味財産増減計算書において経常外区分の過年度損益修正で対応する方法が考えられます。

正味財産増減計算書

Ⅰ　一般正味財産増減の部
　経常収益
　経常費用
　当期経常外増減
　経常外収益
　経常外費用
　　　前期損益修正損　　　　×××

Ⅱ　指定正味財産増減の部

　　　過年度受取寄附金　　　×××

25 基本財産の減価償却

所有している土地と建物を基本財産としている一般財団法人が、建物を減価償却すると、基本財産の価額が毎事業年度変更されることになりますので、基本財産の価額が変わることのないように減価償却しない方がよいのでしょうか。

A 減価償却資産である建物は、基本財産であっても、減価償却するのが原則です。基本財産の金額も、毎事業年度変更になっても、特に支障はありません。

解説

(1) 基本財産についての現行の取扱い

基本財産について、一般社団・財団法人法は次のように定めています。

「理事は、一般財団法人の財産のうち一般財団法人の目的である事業を行うために不可欠なものとして定款で定めた基本財産があるときは、定款で定めるところにより、これを維持しなければならず、かつ、これについて一般財団法人の目的である事業を行うことを妨げることとなる処分をしてはならない。」(一般社団・財団法人法172②)。

つまり、基本財産は一般財団法人が定款で定めた財産であること、基本財産を定めるかどうかは一般財団法人の任意であること、基本財産を定めたときは維持しなければならないこと、一般財団法人の事業を妨げることとなる処分をしてはならないこと、などが定められています。もっとも、法律上はこれらの義務は理事に課されているところです。

公益法人会計基準では、貸借対照表の固定資産を①基本財産、②特定資産、③その他固定資産、に区分して表示しており(公益法人会計基準注解(注4))、公益財団法人と一般財団法人は、①の基本財産に、土

地、建物、投資有価証券、定期預金等の主要な財産の計上があるのが一般的です。

公益社団法人や一般社団法人にはこのような基本財産の計上は想定されていないものの、これらの社団でも実態として計上されている場合も散見されます。

(2)　かつての基本財産の慣行

かつての主務官庁制の下で、一般社団法人、一般財団法人が、ただの社団法人、財団法人と呼ばれていたころ、財団法人の基本財産を取り崩すには監督官庁の許可が必要で、まずそれが認められることはなく、厳格に基本財産の金額を維持することが求められました。

そのため、基本財産を構成する建物の減価償却を行う場合には、その減価償却額相当分を投資有価証券や定期預金等で振替補填する処理が慣行として行われていました。その処理を今でも継続している法人がないわけではないのは、基本財産をまとまったキリのよい金額で維持しておきたいという意向が働くためでしょう。

(3)　基本財産の減価償却の性格

基本財産の減価償却は、会計上の認識であって、処分には該当しないと考えられていますので、基本財産の金額がそのために変更になっても差し支えありません。また、減価償却額相当分を投資有価証券や定期預金等で振替填補する必要もありません。

それから、基本財産を構成する投資有価証券等が満期保有目的以外の投資有価証券で時価評価による評価損が生じている場合、この評価損も処分には該当しないと考えられていることから、この分を振替填補する必要もありません。

　非営利型法人に該当する一般財団法人で、収益事業会計は、減価償却等の処理を法人税法の規定に基づいて行っています。収益事業以外の非収益事業会計においても、減価償却の処理をはじめ、一括償却資産、少額減価償却資産の損金算入の処理などを法人税法の規定に基づいて行うことに問題はないでしょうか。

A　法人税法が適用されない非収益事業会計においては、減価償却等の処理を必ずしも法人税法の規定によって行うことが求められているわけではありません。とはいえ、他に準拠できる減価償却等の基準があるわけではありませんので、非収益事業会計においても法人税法の規定に準拠して行うことが減価償却等の計算の客観性や公平性、合理性を確保する方法であるといえると思います。

解説

　減価償却の三要素として、取得価額、残存価額、耐用年数が挙げられますが、法人税法では、この中の取得価額についての規定のほか、減価償却に必要な償却方法、残存価額、耐用年数等の詳細な規定が設けられています（法法 31 他）。

　収益事業の会計においては、この法人税法の規定に基づいて減価償却の計算を行うことが求められます。

　法人税法が適用されない非収益事業会計においては、減価償却等の処理を法人税法の規定によって行うことが求められているわけではありませんが、他に準拠できる減価償却等の基準がないため、非収益事業会計においても法人税法の規定に準拠して行うことが減価償却等の計算の客観性や公平性、合理性を確保する方法であるといえます。

　したがって、取得価額の構成や一括償却資産の 3 年償却の取扱い、中

小企業者等の少額減価償却資産の取得価額の損金算入の特例なども、法
人税法の規定に基づいて行うことが考えられます。

補助金等の返還損失

　国等からの補助金等を返還する場合の会計処理について教えてください。

A　　正味財産増減計算書において、一般正味財産増減の部の経常外費用に計上する方法が一般的です。ただし、その補助金が指定正味財産に残っていれば、指定正味財産増減の部で直接減額する方法も考えられます。

解 説

　国等からの補助金等を返還する場合、次のいくつかの類型が考えられます。

(1)　過去にすでに収益として計上済みの補助金等の返還

　この場合の補助金の返還は、過年度損益修正損の性格も有することから、正味財産増減計算書の経常外増減の部の経常外費用に「補助金等返還損失」として計上します。

(2)　指定正味財産にまだ残っている補助金等の返還

①　一般正味財産振替法

　補助金等の返還分を指定正味財産増減の部から一般正味財産増減の部の経常外収益に振り替えて同額を経常外費用として処理します。

②　指定正味財産直接減額法

　指定正味財産増減の部において、当該金額を直接減額する処理をします。

Question 28　適正な決算の手続き

　昔からの流れで、決算理事会と、定時社員総会や定時評議員会を同日に開催している一般社団法人や一般財団法人があります。ほかの団体などに出席している関係者から、同日開催はまずいのではないかと指摘がありました。どのように改善すればよいでしょうか。

A　一般社団・財団法人法では、決算理事会と定時社員総会（財団法人においては定時評議員会）を同日に開催することは前提になっておらず、2週間あけることが望ましいといえます。

解説

　一般社団法人の決算は、事業年度終了後作成した決算書（計算書類）を監事が監査して、監査報告書をつけて決算理事会に提出します。決算理事会では承認決議の上、通常はその計算書類を定時社員総会の少なくとも2週間前（中14日あけます。）から5年間事務所に備え置き（一般社団・財団法人法129①）、そこから社員の閲覧に供します。

　一般財団法人の決算も、事業年度終了後作成した決算書（計算書類）を監事が監査して、監査報告書をつけて決算理事会に提出します。決算理事会では承認決議の上、通常はその計算書類を定時評議員会の少なくとも2週間前（中14日あけます。）から5年間事務所に備え置き（一般社団・財団法人法199）、そこから評議員の閲覧に供します。

　ですので、同日開催はできないというのが一般社団・財団法人法の前提とするところと考えられています。

<適正な決算の手続き>

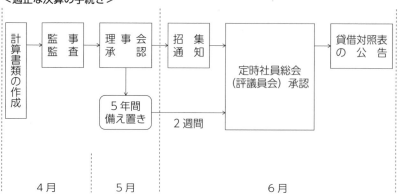

Question 29　計算書類の範囲

　一般社団法人や一般財団法人の作成すべき計算書類や、決算理事会の承認を受ける計算書類、事務所に備え置くべき計算書類、社員や評議員に提供しなければならない計算書類、定時社員総会や定時評議員会で承認すべき計算書類など、様々なステージで用いられる計算書類がありますが、これらはすべて同じでしょうか。

A　それぞれの段階において用いられる計算書類の種類は同じではなく、微妙に範囲が異なりますので、その違いを認識しておく必要があります。

解説

(1)　一般社団・財団法人が作成すべき会計に関する書類

　一般社団・財団法人が作成しなければならない各事業年度に係る会計に関する書類は次のとおりです。これらを総称して「計算書類等」といいます（一般社団・財団法人法 123、129、199）。

① 計算書類（貸借対照表及び損益計算書）

② 事業報告

③ 附属明細書（計算書類の附属明細書及び事業報告の附属明細書）

④ 監事の監査報告

⑤ 会計監査人の会計監査報告（会計監査人設置法人の場合）

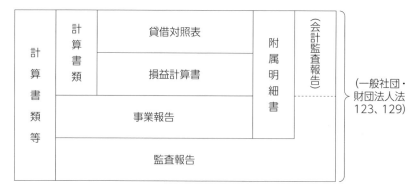

（2） 決算理事会の承認の対象となる書類

　一般社団・財団法人においては、監事又は会計監査人の監査を受けた次の書類は、理事会の承認を受けなければなりません（一般社団・財団法人法124③）。

① 　計算書類（貸借対照表及び損益計算書）

② 　事業報告

③ 　附属明細書（計算書類の附属明細書及び事業報告の附属明細書）

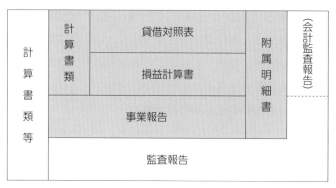

（3） 定時社員総会（定時評議員会）の 2 週間前から事務所に備え置くべき書類

　一般社団・財団法人は、定時社員総会（定時評議員会）の 2 週間前の日から 5 年間、次の書類を事務所に備え置かなければなりません（一般社団・財団法人法129①）。

① 　計算書類（貸借対照表及び損益計算書）

② 事業報告

③ 附属明細書（計算書類の附属明細書及び事業報告の附属明細書）

④ 監事の監査報告

⑤ 会計監査人の会計監査報告（会計監査人設置法人の場合）

(4) 定時社員総会（定時評議員会）の招集通知に同封して社員（評議員）に提供しなければならない書類

　一般社団・財団法人は、定時社員総会（定時評議員会）の招集通知に同封して、次の書類を社員（評議員）に提供しなければなりません（一般社団・財団法人法125）。

① 計算書類（貸借対照表及び損益計算書）

② 事業報告

③ 監事の監査報告

④ 会計監査人の会計監査報告（会計監査人設置法人の場合）

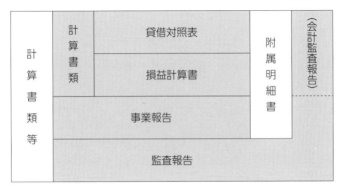

(5) 定時社員総会（定時評議員会）の承認の対象となる書類

　一般社団・財団法人においては、次の書類について、定時社員総会（定時評議員会）の承認を受けなければなりません（一般社団・財団法人法126②）。

① 計算書類（貸借対照表及び損益計算書）

Question 30　退職給付引当金

　一般財団法人でこのたび職員に対する退職金制度が設けられましたので、退職給付引当金とその財源としての退職給付引当資産を積みたいと考えています。一度には積めないので分割で積んでいきたいと思っていますが、何年ぐらいで積み立てればよいでしょうか。

A　退職給付引当金の方は、12年以内の一定の年数にわたって積み立てればよいでしょう。退職給付引当資産の方は、特に基準などはありませんので、法人で決定した額を積み立てればよいでしょう。

解説

　退職金制度を設けることにより、退職給付会計が導入されると法人にはそれまでなかった負債である退職給付債務が一時に生じることになります。公益法人会計基準ではこれを退職給付引当金として12年以内の一定の年数にわたって定額法により費用処理することになっています（公益法人会計基準の運用指針の附則3項）。

　例えば、退職給付会計の導入に伴って6,000万円の退職給付引当金を積まなければならなくなった場合の会計処理は次のようになります。

①　12年間で退職給付引当金を積む場合

　（退職給付費用）500万円　（退職給付引当金）500万円

②　3年間で退職給付引当金を積む場合

　（退職給付費用）2,000万円　（退職給付引当金）2,000万円

　なお、退職給付引当金の財源となる、退職給付引当資産の方は、退職給付引当金の額と合わせて積み立てるのが一般的ですが、特にそう定められているわけではありません。積立てについての基準や会計基準のようなものがあるわけではありませんので、積み立てるかどうかは法人の

任意に委ねられています。

　退職給付引当資産を積み立てる場合の資産の区分は、固定資産の部の特定資産として会計処理は次のようになります。

　（特定資産・退職給付引当資産）1,000万円　（普通預金）1,000万円

Question

31 退職給付引当資産の取崩し

　一般財団法人（非営利型法人）が、収支の悪化により、資金繰りがかなり苦しくなってきました。基本財産である債券等は残っていますが、その処分には日数を要しますので、とりあえず退職給付引当金の 100％ を預金として積み立てている退職給付引当資産を取り崩して使うようにしたいのですが、それに何か問題はありますか。

A　退職給付引当資産は、退職金を支払うための目的取崩しであればともかく、目的外で取り崩して使うには、理事会等の機関決定が必要だと思いますが、手続きさえきちんとできれば、運転資金に回しても特に問題ないと思います。

解説

　退職給付引当資産は、公益法人がまだ収支会計を採っていた時代のなごりです。収支会計の下では、支出の財源といえば金銭などの資産でした。つまり退職金支出の財源は、退職給付引当資産として積み立てられた預金でした。

　しかし、収支会計から損益会計に変わって、退職給付費用の財源は退職給付引当金になりました。退職給付引当金が 100％ 引き当てられているということは、それに対応する資産が計上されているということになり、特に退職給付引当資産を区分して確保しなくても、財源は確保されていることになります。

　したがって、退職給付引当資産を取り崩して運転資金に回しても特に問題はないと思います。

COLUMN

公益認定を取り消されて一般社団法人に

　人手不足が深刻化し、70歳定年制が現実味を帯びてきました。これまで高齢者に働く場所を提供してきたシルバー人材センターには派遣労働の依頼が殺到し、この4年間で3倍以上に増えているといわれます。

　シルバー人材センターは、昭和55年に高齢者に就業機会を提供する団体として発足し、昭和61年には法的にも認められて、全国各地に広がりました。現在は、ほとんど各市区町村ごとに一つずつ設置され、60歳以上の男女が会員として登録できるのですが、全国で男性48万人、女性24万人の合わせて72万人が加入しています。会員はシルバー人材センターから派遣されて家事、育児、介護等のほか、駐車場、駐輪場管理、清掃、農作業、庭木の剪定、毛筆筆耕、宛名書きなど、様々な仕事をしますが、雇用関係はなく、個人事業主として働いています。

　シルバー人材センターは、公益社団法人になっているものが大半ですが、一般社団法人になっているものもないわけではありません。これを各都道府県単位で組織化しているのが、各都道府県の「シルバー人材センター連合」です。このシルバー人材センター連合の上には、全国組織の「公益社団法人全国シルバー人材センター事業協会」があります。

　ここで取り上げる一般社団法人入間市シルバー人材センターは、埼玉県入間市に事務所のある法人ですが、平成29年3月までは公益社団法人でした。なぜ、一般社団法人に変わったのかというと、平成29年3月31日付で埼玉県から公益認定の取消処分を受けたからです。これまでの公益法人の例では、取消しに至るまでにまず内閣府や都道府県からの勧告があり、しばらくして公益法人の側か

らの申請を受けて公益認定の取消しに至るのが通例となっていました。勧告もなしに取り消されたのは、初めてのことでした。何があったのでしょうか。

　入間市シルバー人材センターでは、定款で役員として5名以上17名以内の理事、2名以内の監事を置くと定めて、1,200人以上いる会員の決議によって選任してきましたが、その選任された役員の中に欠格事由の該当者がいることがわかったのでした。

　公益認定は、役員等の中に「禁固以上の刑に処せられ、その刑の執行を終わり、又は刑の執行を受けることがなくなった日から5年を経過しない者」がいる場合には、受けられないことになっています。ところが、入間市シルバー人材センターでは、平成24年2月に窃盗の罪により懲役1年6月の判決を受け、刑が確定し、平成25年7月に刑の執行を終えた者が、役員に就任していたのです。会員の誰でもが役員になれる、シルバー人材センターという開かれた組織ゆえに起きたことだったといえるかもしれません。

　入間市シルバー人材センターは、公益認定を取り消されても、一般社団法人として存続することになり、法人格は残りましたが、認定取消しの日から1か月以内に公益事業に用いていた全財産を、国若しくは地方公共団体又は類似の事業を行う他の公益法人等に贈与することを余儀なくされたのでした。

第4章

法人税

1　収益事業

(1)　法人の種類と課税方式

　一般社団法人・一般財団法人のうち、「非営利型法人」は、各事業年度の所得のうち収益事業から生じた所得について法人税がかかります。非営利型法人以外の法人は、普通法人として各事業年度の所得の全部について法人税がかかります。

　法人税法では、法人を次の5つの種類に分けて法人税の課税方式を定めています。

法人の種類	課税方式
①公共法人	非課税
②公益法人等	収益事業課税
③人格のない社団等	収益事業課税
④協同組合等	全所得課税
⑤普通法人	全所得課税

　非営利型法人は、この中の「公益法人等」に属し、非営利型法人以外の法人は「普通法人」に属します。

　各事業年度の所得には、国内源泉所得だけでなく国外源泉所得も含まれますので、非営利型法人は日本国内で行う収益事業だけでなく、海外で行う収益事業に対しても法人税が課税されます。非営利型法人以外の法人についても、全世界所得に対して法人税がかかるのは同様です。

　法人税がかかると、これに応じて次の税金がかかります。

国　税…地方法人税

地方税…法人住民税（都道府県民税、市町村民税）、事業税、地方法人
　　　　特別税

(2)　公益法人等の事業

　非営利型法人を含む公益法人等は収益事業を行う場合に納税義務を負

い（法法 4）、収益事業から生じた所得以外の所得については法人税を課さないと定められています（法法 6）。収益事業以外の事業について、会費や寄附金、助成金、補助金などに課税が行われると、それを原資とする事業の存続を損なうおそれがあるからです。

しかし、公益法人等の本来の活動や事業であっても、収益事業に該当する対価取引の継続反復が行われ、原価を償ってなおそこに余剰が生じている場合には、担税力が生じているのでこれに課税しても事業の存続を損なうことはなく、逆に課税しなければ競合する営利法人との公平も保たれません。

(3)　34 業種の意義

非営利型法人を含む公益法人等が法人税等の課税を受ける収益事業は、「販売業、製造業その他の政令で定める事業で、継続して事業場を設けて行われるものをいう。」（法法 2 十三）とされています。

収益事業として具体的に限定列挙されている 34 業種は、公益法人等が対価を得て行う事業として担税力が認められるものであって、営利法人と競合する事業をできる限り列挙しているものと考えられます（法令 5①）。

(4)　収益事業からの除外

この 34 業種はまた、各業種ごとに収益事業から除外する事業を定めています（法令 5①）。物品販売業、不動産販売業、金銭貸付業、物品貸付業、不動産貸付業、製造業、請負業、出版業、席貸業、医療保健業、技芸教授業、信用保証業、無体財産提供業には、このような除外規定が置かれています。除外されている事業は、①特定の法人が行う特定の事業、②国、地方公共団体に対する一定の事業、③低廉低額な一定の事業、④社会通念上課税に適さない事業などです。

それ以外の、通信業、運送業、倉庫業、印刷業、写真業、旅館業、料理店業、周旋業、代理業、仲立業、問屋業、鉱業、土石採取業、浴場業、理容業、美容業、興行業、遊技所業、遊覧所業、駐車場業、労働者派遣業には、除外規定が置かれていません。

また、全業種を通じて収益事業から除外する事業も定めています（法令5②）。それは、①公益社団法人・公益財団法人が行う公益目的事業、②公益法人等が行う事業のうち、障害者、高齢者等の従事者が半数以上を占め、かつ、これらの者の生活の保護に寄与している事業、③母子・父子福祉団体が行う事業、④保険契約者保護機構が行う特定の事業などです。

(5)　収益事業のチェックポイント

　非営利型法人を含む公益法人等の営む事業が収益事業に該当するか否かの判定には、大きく分けて4つのステップがあります。

　第1ステップは、まず法人が提供しているモノやサービスに対して、相手方から受け取る金銭が対価かどうかです。

　第2ステップは、その事業が34業種のどの事業に該当するかです。もし該当しなければ、そもそも収益事業にはなりません。次の第3ステップは、その事業が34業種のいずれかの事業に該当したとしても、収益事業から除外されているものに入っていないかどうかです。除外されていれば収益事業には該当しません。最後の第4ステップは、第3ステップまで通過して収益事業になるべきものとされた事業が、継続して行われているかどうかです。継続して行われていなければ、収益事業には該当しません。

　法人税法には、この他に事業場を設けているかどうかという要件が挙げられていますが、施設等がなくても収益事業を行っていればそこに事業の拠点があるとされますので、これはあまり実質的な意味を持ちません。

　つまり、34業種のいずれかに該当する事業で、収益事業から除かれていないものが、継続的に営まれている場合に収益事業という判定を受けるという流れになります。

　それでは、34業種にわたってみていきましょう。

①　物品販売業

　有償による物品の提供は、その物品の提供と金銭の支払いとの間に対

価関係がないために物品販売業といえないものや、その物品の性格から物品販売業以外の他の事業に該当するものを除いて、すべて物品販売業に該当することになります（法基通15－1－9、15－1－10）。なお、物品販売業には動植物その他通常物品といわないものの販売業も含まれます（法令5①一）。

　宗教法人におけるお守り、お札、おみくじ等の販売のように、その売価と仕入原価との関係から見てその差額が通常の物品販売業における売買利潤ではなく実質は喜捨金と認められる場合のその販売は、物品販売業には該当しません。これは対価性のない宗教活動の一つと考えられるからです。

　物品販売業に該当したものは、国立研究開発法人農業・食品産業技術総合研究機構が行う一定のものを除いて、すべて収益事業になるべきものとなります（法令5①一）。

②　不動産販売業

　有償による不動産の譲渡は、相当期間保有していた不動産を処分するなど不動産販売業といえないものを除いて、すべて不動産販売業に該当することになります。

　非営利型法人を含む公益法人等が不動産を譲渡した場合、その譲渡が販売行為なのか、又は、不動産の処分行為なのかが常に問題になります。すなわち、販売行為とは、不動産である土地、建物等を不特定又は多数の者に反復して又は継続して譲渡することであって、これは不動産販売業に該当します。一方、不動産の処分行為とは、公益法人等が固定資産として相当期間保有していた土地建物等を、資金繰りその他の都合で譲渡することであり、その譲渡による損益は収益事業に係る損益に含めないことができることになっています（法基通15－2－10）。

　不動産販売業に該当したものは、その業務が地方公共団体の管理のもとに運営されている特定法人が行う不動産販売業など収益事業にならない一定のものを除いて、すべて収益事業になるべきものになります（法令5①二）。

③　金銭貸付業

　有償による金銭の貸付けは、その貸付先が不特定又は多数の者である金銭の貸付けに限られず、余裕資金の運用等として行う有価証券の現先取引や会員等が拠出した資金を主たる原資として行う低利貸付など金銭貸付業にならないものを除いて、すべて金銭貸付業に該当することになります（法基通15－1－14、15－1－15）。

　金銭貸付業に該当したものは、一定の独立行政法人などが行う金銭貸付業など収益事業にならない一定のものを除いて、すべて収益事業になるべきものとなります（法令5①三）。

④　物品貸付業

　有償による物品の貸付けは、動植物その他通常物品といわないものの貸付けを含み、著作権、工業所有権、ノウハウ等の貸付けなど物品貸付業にならないものを除いて、すべて物品貸付業に該当することになります（法令5①四、法基通15－1－16）。

　物品貸付業に該当したものは、土地改良事業団体連合会が会員に対して行う一定の物品貸付業など収益事業にならない一定のものを除いて、すべて収益事業になるべきものとなります（法令5①四）。

⑤　不動産貸付業

　有償による不動産の貸付けは、店舗の一角を他の者に継続的に使用させるいわゆるケース貸し及び広告等のために建物その他の建造物の屋上、壁面等を他の者に使用させる行為を含み、倉庫業や駐車場業など不動産貸付業にならないものを除いて、すべて不動産貸付業に該当することになります（法基通15－1－17）。

　不動産貸付業に該当したものは、特定法人が行う不動産貸付業など一定のものを除いて、すべて収益事業になるべきものとなります（法令5①五）。

　宗教法人又は公益社団法人・公益財団法人が行う墳墓地の貸付業（永代使用料を徴して行う墳墓地の貸付けを含む（法基通15－1－18）。）は、不動産貸付業であっても収益事業にならないものとして定められて

います（法令5①五ニ）。

その他、国又は地方公共団体に対し直接貸し付けられる不動産の貸付業も収益事業に該当しません（法令5①五ホ）。

また、公益法人等が所有する土地を住宅用地として貸し付けたもので、その土地の貸付けによる年間の収入金額がその土地に課される固定資産税と都市計画税の3倍以下（法規4）の低廉な地代のものは、収益事業から除外されます（法令5①五ヘ）。

⑥　製造業

有償による物品の製造・販売は、電気又はガスの供給業、熱供給業及び物品の加工修理業などを含み、すべて製造業に該当することになります（法令5①六）。

なお、製造場、作業場等の施設を設け、自己の栽培等により取得した農産物等につき出荷のために最小限必要とされる簡易な加工の程度を超える加工を加え、又はこれを原材料として物品を製造して卸売りする行為は、農業ではなく製造業に該当します（法基通15－1－22）。また、研究の成果に基づいて製作した試作品等の譲渡が反復又は継続して行われるなど、事業と認められる程度のものであるときは、製造業に該当します（法基通15－1－23）。

製造業に該当したものは、国立研究開発法人農業・食品産業技術総合研究機構が行う一定の収益事業にならないものを除いて、すべて収益事業になるべきものになります（法令5①六）。

⑦　通信業

有償による通信・放送の事業は、他人の通信を媒介若しくは介助し、又は通信設備を他人の通信の用に供する事業及び多数の者によって直接受信される通信の送信を行う事業をいい、無線呼出業務、電報の集配業務、郵便物又は信書便物の集配業務、公衆電話サービス業務（いわゆる赤電話等）及び共同聴取聴視業務（いわゆる共同アンテナ）に係る事業を含め、すべて通信業に該当することになります（法令5①七、法基通15－1－24）。

⑧　運送業

　有償による貨物・旅客の運搬は、運送取扱業やリフト、ロープウェイ等の索道事業を含め、自動車道事業、運河業及び桟橋業など運送業にならないものを除いて、すべて運送業に該当することになります（法令5①八、法基通15−1−25）。

⑨　倉庫業

　有償による物品の保管は、寄託を受けた物品を保管する手荷物、自転車等の預り業及び保護預り施設による物品等の預り業なども含め、貸金庫又は貸ロッカーなど物品貸付業や駐車場業に該当するものを除いて、すべて倉庫業に該当することになります（法令5①九、法基通15−1−26）。

⑩　請負業

　有償による請負、事務処理の受託等は、他の者の委託に基づいて行う調査、研究、情報の収集及び提供、手形交換、為替業務、検査、検定等の事業（国等からの委託に基づいて行う事業を含む。）を含め、農産物等の原産地証明書の交付等単に知っている事実を証明するだけの行為を除いて、すべて請負業に該当することになります（法基通15−1−27）。

　請負業に該当したものは、国等からの委託業務で一定のものなど収益事業にならないものを除いて、すべて収益事業になるべきものになります（法令5①十）。

　この他、税務署長の確認による収益事業からの除外があります（法基達15−1−28）。事務処理の受託業務が実費弁償によって行われるものであり、かつ、実費弁償であることについてあらかじめ5年以内の一定の期間を限って所轄税務署長の確認を受けたときは、その確認を受けた期間は収益事業としないものとする取扱いです。これは国又は地方公共団体からの事務処理の委託に限りません。

⑪　印刷業

　有償による印刷物の印刷は、謄写印刷業、タイプ孔版印刷業及び複写業のほか、製版業、植字業、鉛版等製造業、銅版又は木版彫刻業、製本

業、印刷物加工業なども含めて、すべて印刷業に該当することになります（法令5①十一、法基通15－1－30）。

⑫　出版業

有償による出版物の制作・販売は、印刷業や物品販売業、編集の請負業など出版業にならないものを除いて、すべて出版業に該当することになります（法基通15－1－31）。

非営利型法人を含む公益法人等が、出版物を制作して配布しても、無料であれば当然のことですが収益事業にはなりません。しかし形式的には無料であっても、出版物の代金を会費等の名目で徴収していると認められるときは出版業に該当します（法基通15－1－36）。

また、公益法人等が発行する出版物に、有料で広告を掲載することがあります。出版物の発行が収益事業たる出版業に該当する場合には、その広告掲載料収入は収益事業の付随収入となります。また、出版物に関連して有料で講演会等を開催し、入場料を得ることがありますが、これも出版物が収益事業に該当する場合には、入場料収入は収益事業の付随収入となります（法基通15－1－6（1））。

出版業に該当したものは、特定資格会員向けの会報など収益事業にならない一定のものを除いて、すべて収益事業になるべきものになります（法令5①十二）。

⑬　写真業

有償による写真の撮影等は、他の者の撮影した写真フィルムの現像、焼き付け等、その取次も含めて、すべて写真業に該当することになります（法令5①十三、法基通15－1－37）。

⑭　席貸業

有償による施設の貸付は、興行（興行業に該当しないものを含む。）を目的として集会場、野球場、テニスコート、体育館等を利用する者に対してその貸付けを行う事業や展覧会等のための席貸しなどを含め、不動産貸付など席貸業にならないものを除いて、すべて席貸業に該当することになります（法基通15－1－38）。

席貸業に該当したものは、国又は地方公共団体の用に供するための席貸業など収益事業にならない一定のものを除いて、すべて収益事業になるべきものとなります（法令5①十四）。

⑮　旅館業

有償による宿泊施設の経営は、下宿営業のほか、旅館業法による旅館業の許可を受けないで宿泊させ、宿泊料を受ける事業を含め、公益法人等が専ら会員の研修その他主たる目的とする事業を遂行するために必要な施設として設置した一定の宿泊施設や学生寮など旅館業にならないものを除いて、すべて旅館業に該当することになります（法令5①十五、法基通15－1－39～15－1－42）。

⑯　料理店業その他の飲食店業

有償による飲食物の提供は、他の者からの仕出しを受けて飲食物を提供するものを含め、学校給食の事業など料理店業その他の飲食店業にならないものを除いて、すべて料理店業その他の飲食店業に該当することになります（法令5①十六、法基通15－1－43）。

⑰　周旋業

有償により他の者のために商行為以外の行為の媒介、代理、取次ぎ等を行う事業は、すべて周旋業に該当することになります（法令5①十七、法基通15－1－44）。例えば、不動産仲介業、債権取立業、職業紹介所、結婚相談所等に係る事業がこれに該当します。

⑱　代理業

有償により他の者のために商行為の代理を行う事業は、すべて代理業に該当することになります（法令5①十八、法基通15－1－45）。例えば、保険代理店、旅行代理店等に係る事業がこれに該当します。

⑲　仲立業

有償により他の者のために商行為の媒介を行う事業は、すべて仲立業に該当することになります（法令5①十九、法基通15－1－46）。例えば、商品売買、用船契約又は金融（手形割引を含む。）等の仲介又はあっせん行う事業がこれに該当します。

⑳　問屋業

　有償により自己の名をもって他の者のために売買その他の行為を行う事業（いわゆる取次業）は、すべて問屋業に該当することになります（法令5①二十、法基通15-1-47）。例えば、商品取引員、出版取次業、広告代理店業に係る事業がこれに該当します。

㉑　鉱業

　有償による鉱物の採掘等は、請負契約により探鉱、坑道掘削、鉱石の搬出等の作業を行う事業のほか、自らは鉱業権者又は租鉱権者としての登録は受けていないが、鉱業権者又は租鉱権者である者との契約に基づいて鉱業経営に関する費用及び損失を負担し、採掘された鉱物（当該鉱物に係る収益を含む。）の配分を受けることとしているため、実質的に興行を行っていると認められる場合におけるその事業を含めて、すべて鉱業に該当することになります（法令5①二十一、法基通15-1-48）。

㉒　土石採取業

　有償による土石の採取等は、すべて土石採取業に該当することになります（法令5①二十二、法基通15-1-48）。

㉓　浴場業

　有償による浴場の経営は、いわゆるサウナ風呂や砂湯等の特殊浴場業を含めて、すべて浴場業に該当することになります（法令5①二十三、法基通15-1-49）。

㉔　理容業

　有償による理容サービスの提供は、すべて理容業に該当することになります（法令5①二十四、法基通15-1-50）。

㉕　美容業

　有償による美容サービスの提供は、マッサージ、パック、美容体操等の方法により全身美容のサービスを提供する事業のほか、犬、猫等のペットのシャンプー、トリミング等を行う事業を含め、すべて美容業に該当することになります（法令5①二十五、法基通15-1-50、15-1-51）。

㉖　興行業

　有償による催物の興行は、自ら興行主とはならないで、他の興行主等のために映画、演劇、演芸、舞踊、舞踏、音楽、スポーツ、見せ物等の興行を行う事業及び興行の媒介又は取次ぎを行う事業が含まれ、一定の要件に該当することについて所轄税務署長の確認を受けた慈善興行など興行業にならないものを除いて、すべて興行業に該当することになります（法令5①二十六、法基通15－1－52、15－1－53）。

　なお、常設の美術館、博物館、資料館、宝物館等において主としてその所蔵品（保管の委託を受けたものを含む。）を観覧させる行為は、興行業には該当しないとされています（法基通15－1－52（注））。

㉗　遊技所業

　有償による遊技所の経営は、野球場、テニスコート、ゴルフ場、射撃場、釣り堀、碁会所その他の遊技場を設け、これをその用途に応じて他の者に利用させるなどの事業を含め、席貸業など遊技所業にならないものを除いて、すべて遊技所業に該当することになります（法令5①二十七、法基通15－1－54）。

㉘　遊覧所業

　有償による遊覧所の経営は、展望台、パノラマ、遊園地、庭園、動植物園、海中公園等のように、専ら不特定又は多数の者をして一定の場所を遊歩し、天然又は人工の物、景観等を観覧させるなどの事業を含めて、すべて遊覧所業に該当することになります（法令5①二十八、法基通15－1－55）。

㉙　医療保健業

　有償による医療保健サービスの提供は、療術業、助産師業、看護業、歯科技工業、獣医業等を含めて、すべて医療保健業に該当することになります（法基通15－1－56）。

　医療保健業に該当したものは、社会福祉法人が行う医療保健業など収益事業にならない一定のものを除いて、すべて収益事業になるべきものとなります（法令5①二十九）。

㉚ 技芸教授業

有償による洋裁、和裁等の技芸の教授、入学試験や補習のための学力の教授、公開模擬学力試験などを行う事業は、技芸教授業に該当することになります（法令5①三十）。

このうち技芸の教授は、次に規定された22種類の技芸の教授を行った場合にのみ該当し、規定された以外の技芸について教授を行っても技芸教授業に該当しません。

> 洋裁、和裁、着物着付け、編物、手芸、料理、理容、美容、茶道、生花、演劇、演芸、舞踊、舞踏、音楽、絵画、書道、写真、工芸、デザイン（レタリングを含む。）、自動車操縦若しくは小型船舶の操縦

なお、自らは規定された技芸の習得に関する教授を行わないで技芸に関する免許の付与等のみを行う行為も技芸の教授に含まれますが、規定された技芸以外の技芸に関する免許の付与等を行っても、技芸教授業には該当しないとされています（法基通15－1－66）。

技芸教授業に該当したものは、学校、専修学校又は各種学校において行われる一定のものなど収益事業にならないものを除いて、すべて収益事業になるべきものとなります（法令5①三十）。

㉛ 駐車場業

有償による駐車場の貸付けは、駐車場所としての土地の貸付けも含めて、すべて駐車場業に該当することになります（法令5①三十一、法基通15－1－68）。

㉜ 信用保証業

有償による債務の保証は、すべて信用保証業に該当することになります。信用保証業に該当したものは、信用保証協会法その他財務省令で定める法令の規定に基づき行われる信用保証業など収益事業にならない一定のものを除いて、すべて収益事業になるべきものとなります（法令5①三十二）。

㉝ 無体財産権の提供等

その有する工業所有権その他の技術に関する権利又は著作権（出版権

及び著作隣接権その他これに準ずるものを含む。）の有償による譲渡又は提供は、無体財産権の提供等に該当することになります。

　無体財産権の提供等に該当したものは、国又は地方公共団体に対して行われる無体財産権の提供など収益事業にならない一定のものを除いて、すべて収益事業になるべきものとなります（法令5①三十三）。

㉞　労働者派遣業

　労働者派遣業は、自己の雇用する者その他の者を、他の者の指揮命令を受けて、当該他の者のために当該他の者が行う事業に従事させる事業をいうとされています（法令5①三十四）。法人税法上の労働者派遣業は、労働者派遣事業法で認められた事業だけでなく、自己と雇用関係のない者を派遣する場合も含まれるとされています（法基通15－1－70）。

収益事業課税を受ける非営利型法人が行う事業について、収益事業の判定の仕方を教えてください。

A　収益事業は、まず法人が提供しているモノやサービスに対して、相手方から受け取る金銭が対価かどうかの「対価判定」が第1です。次に、そのモノやサービスの提供が、収益事業の34業種のどれに該当するかの「業種判定」が第2です。それから、34業種のいずれかに該当したとして、今度は収益事業から除外されている項目に該当しないかどうかの「除外判定」が第3です。そして、最後に事業が一回性のものでないかどうかの「継続判定」が第4です。

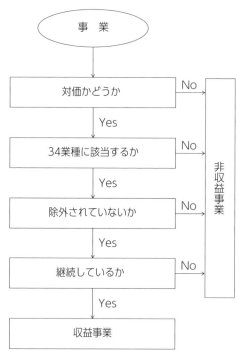

　収益事業は、法人税法第2条第13号で「販売業、製造業その他の政令で定める事業で、継続して事業場を設けて行われるものをいう。」と定義されています。ですので、収益事業は、販売業、製造業のように対価を受け取って行う事業であること、法人税法施行令第5条第1項に定める34業種のいずれかに該当し、併せて同項及び同条第2項に定める除外事項に該当しないものであること、さらには、継続して行われることが要件となっています。「事業場を設けて」も規定にありますが、特に物理的な施設がなくても、収益事業が行われていればそこに事業の拠点があるとされていますので、「事業場を設けて」の規定は実質的には意味を持っていません（法基通15−1−4）。

第4章

法人税

33　農作物の出荷（収益事業の34業種）

障害者が集まって農作物の栽培や生産を行っている一般社団法人（非営利型法人）があります。収穫した農作物は、地元の農協を通して出荷していますが、支援者から直販の依頼があり、宅配したところ税務署から税金がかかるとの指摘を受けました。そんなことがあるのでしょうか。

A　農作物を地元の農協を通して出荷するのは、税務上は農業に該当し、収益事業の34業種に該当しないため非課税です。他方、一般家庭への直販は、収益事業の物品販売業に該当するため課税となります。

解説

(1)　収益事業の34業種

収益事業の種類は、我が国の産業分類とも異なる法人税法固有の概念で、昭和40年からの税制改正による加入や削除を繰り返しながら、次の34業種となっています。

物品販売業、不動産販売業、金銭貸付業、物品貸付業、製造業、通信業、運送業、倉庫業、請負業、印刷業、出版業、写真業、席貸業、旅館業、料理店業その他の飲食店業、周旋業、代理業、問屋業、鉱業、土石採取業、浴場業、理容業、美容業、興行業、遊技所業、遊覧所業、医療保健業、技芸教授業、駐車場業、信用保証業、無体財産権提供業、労働者派遣業

(2)　34業種に掲げられていない事業

この34業種に掲げられていないために法人税等の課税を受けない最大の業種は教育事業です。学校法人は学生、生徒、児童などから授業料等を得て教育事業を行いますが、教育事業はここに掲げられていない形

で収益事業から除外されています。

　その他ここに掲げられていない事業として、農業、畜産業、林業、漁業（水産業）などの第一次産業があります。

(3)　農産物等の販売

　物品販売業には、公益法人等が自己の栽培、採取、捕獲、飼育、繁殖、養殖その他これらに類する行為により取得した農産物等（農産物、畜産物、林産物又は水産物をいう。）をそのまま又は加工を加えた上で直接不特定又は多数の者に販売する行為が含まれるが、当該農産物等（出荷のために最小限必要とされる簡易な加工を加えたものを含む。）を特定の集荷業者等に売り渡すだけの行為は、これに該当しないとされています（法基通15－1－9）。

　農協を通して出荷を行うことは、農産物等を特定の集荷業者等に売り渡すだけの行為に該当するため、農業であって物品販売業とは異なるものと分類されています。他方、一般家庭への直販や直売所などでの販売は、収益事業たる物品販売業に該当することになります。

34 共同購入と物品販売（物品販売業）

> テニスの愛好者で作っている一般社団法人（非営利型法人）が、オリジナルのグッズを作って会員だけに販売していますが、物品販売業になりますか。それからラケットを一括購入し、少し手数料を乗せて会員に販売していますが、これは販売ではなく共同購入として処理したいのですが、大丈夫ですよね。

A 　有料で物品を販売し、対価を得ていれば、相手が誰であろうと基本は物品販売業です。会員を対象にしているからといって、物品販売業に当たらないということはありません。

　また、共同購入は、希望者の募集から物品の購入、配給、代金の回収へと至る事業、事務の流れが実態として共同での物品購入を裏付けるものかどうかが重要です。とはいえ、他に物品販売業として、販売している商品もあるということになると、ラケットだけそれらとは別で、共同購入というのは不自然で、認められないのではないでしょうか。

解説

　法人が相手に物品を引き渡して、物品の対価を得ていれば物品販売業に該当します。相手は特定、不特定を問わず、また会員、非会員を問いません。

　有料で物品を提供しても物品販売業に該当しないのは、農業、漁業、林業などに該当するものや、宗教法人が供するお札やおみくじなどの対価性のないお賽銭やお布施に類するもの、学校法人等が年1、2回程度行うバザーなどで行われる寄附金の性格を持ったお金のやり取りなどです。

　共同購入は、外観だけ見れば物品販売業と変わりませんので、基本的には会員向けの物品販売業などやっていない法人が、どうしても共同購

入しなければならない必要があって、たまたま行った場合に認められる
ものだと考えます。それに加えて、共同購入であることが事務や会計処
理の流れから明らかであることが求められます。

寄附の返礼品（物品販売業）

　一般財団法人（非営利型法人）で、企画・制作したペット用品を商品として販売していますが、その他に企業や個人から消費期限が近いペットフードの無償提供（寄附）を受け、災害被災地に送る事業を行っています。ペットフードの寄附者には、その程度に応じてこの法人のペット用品を返礼品として差し上げていますが、これは物品販売業には該当しないものとして処理してもよろしいでしょうか。

A　物品販売業で取り扱っている商品の譲渡は、たとえ寄附の返礼品としてであっても、寄附金相当額を対価とする商品の販売に該当するものと思われます。

解 説

(1)　物品販売業に該当しないもの

　有料・有償で行われる物品の提供であっても、物品販売業に該当しないとされているものもあります。法人税基本通達では次のように取扱いが定められています（法基通15－1－9、15－1－10）。

①　物品販売業には、公益法人等が自己の栽培、採取、捕獲、飼育、繁殖、養殖その他これらに類する行為により取得した農産物等（農産物、畜産物、林産物又は水産物をいう。）をそのまま又は加工を加えた上で直接不特定又は多数の者に販売する行為が含まれるが、当該農産物等（出荷のために最小限必要とされる簡易な加工を加えたものを含む。）を特定の集荷業者等に売り渡すだけの行為は、これに該当しない。

②　宗教法人におけるお守り、お札、おみくじ等の販売のように、その売価と仕入原価との関係からみてその差額が通常の物品販売業に

おける売買利潤ではなく実質は喜捨金と認められる場合のその販売
は、物品販売業に該当しないものとする。ただし、宗教法人以外の
者が一般の物品販売業として販売できる性質を有するもの（例え
ば、絵葉書、写真帳、暦、線香、ろうそく、供花等）をこれらの一
般の物品販売業者とおおむね同様の価格で参詣人等に販売している
場合のその販売は、物品販売業に該当する。

③　学校法人等が行う教科書その他これに類する教材以外の出版物の
販売は、物品販売業に該当する。

④　学校法人等が行うノート、筆記具等の文房具、布地、糸、編糸、
食料品等の材料又はミシン、編物機械、厨房用品等の用具の販売
は、たとえこれらの物品が学校の指定に基づいて授業において用い
られるものである場合であっても、物品販売業に該当する。

⑤　学校法人等が行う制服、制帽等の販売は、物品販売業に該当す
る。

⑥　学校法人等が行うバザーで年1、2回開催される程度のものは、
物品販売業に該当しないものとする。

(2)　物品販売業の対価

　物品販売業は、有料・有償で対価を得て行われる物品の提供で、農
業、畜産業、漁業、林業、教育事業等の他の事業に該当しないものと
されていますが、ご質問のケースはペットフードという現物を対価とする
商品の譲渡と考えることができます。

36 住宅用土地の低廉貸付け（不動産貸付業）

一般財団法人（非営利型法人）で、住宅用の借地として土地を貸しています。周辺と比べて地代が低いので、値上げをしようと考えていますが、地代を上げると税金がかかって却って不利になることがあると聞きました。どういうことでしょうか。

A 住宅用の土地の貸付けで、地代が固定資産税と都市計画税の合計額の3倍以下のものは、不動産貸付業であっても収益事業から除外されています。3倍を超えたとたん、法人税等がかかってきますので、地代を上げるとむしろ不利になることがあります。

解 説

(1) 収益事業からの除外

不動産貸付業であっても、主として住宅の用に供される土地の貸付業で、その貸付けの対価の額が低廉であることの要件を満たすものは、収益事業から除外されています（法令5①五へ）。

(2) 低廉地代の要件

不動産貸付業に定める低廉地代の要件は、貸付けの対価の額のうち、当該事業年度の貸付期間に係る収入金額の合計額が、当該貸付けに係る土地に課される固定資産税及び都市計画税で当該貸付期間に係るものの合計額に3を乗じて計算した金額以下であることとするとされています（法規4）。

Question 37　第三セクターに対する不動産の貸付け（不動産貸付業）

奨学金の給付事業を行っている一般財団法人（非営利型法人）が、所有地の一部を、借地契約を取り交わして、市に貸し付けてきました。市はそこに会館を建設して、外郭団体を入居させていましたが、このほどその中の一つの第三セクターに借地権付きで建物を譲渡したいと通知してきました。市からは譲渡に際して譲渡承諾料を受け取り、第三セクターから受け取る地代は今までどおり変わりませんので、譲渡を承諾したいと考えていますが、何か問題がありますか。

A　不動産を市に直接貸し付けるか第三セクターに貸し付けるかで、課税関係が大きく変わり、今まで非課税だったのが課税扱いになりますので、そこを十分に認識して対応すべきだと思われます。

解説

（1）　不動産貸付業における収益事業からの除外

国又は地方公共団体に直接貸し付けられる不動産の貸付業は、収益事業から除外されますが、第三セクターになると直接の貸付けになりませんので、収益事業の不動産貸付業に該当し、課税を受けることとなります。地代が今までどおりだとすると、地主にとっては法人税等の分だけ手取りが減ることになりますので、注意が必要です。

（2）　借地権の譲渡承諾料

また、借地権の譲渡に際しては、地主に譲渡承諾料が支払われますが、たとえ今まで非課税であった借地人の市から支払われる譲渡承諾料であっても、それは新しい借地人に対する収益事業の不動産貸付業に係るものとして法人税等の課税の対象となりますので、地主としては、そのことを十分に計算に入れておかなければなりません。

Question 38　福祉タクシーの運行（運送業）

　一般社団法人（非営利型法人）で、高齢者や障害者の方の移動や外出に利用してもらうため、福祉タクシーを始めることになりました。収益事業として届け出る必要があるでしょうか。

A　福祉タクシーは、運送業に該当しますので、収益事業の開始の届出が必要です。

解説

(1)　民間搬送サービス

　民間搬送サービスは、正式には民間患者等搬送事業と呼ばれますが、高齢者や障害者が安心して外出や移動ができる手段として提供されています。これには、大きく消防庁の指導基準に基づく医療系の民間救急サービスと福祉系の福祉タクシーの2種類があります。

　このサービスは、病院や福祉施設などからの要請や一般の方からの依頼により、緊急性の少ない病院間の移送や、入退院、通院、一時帰宅、社会福祉施設への送迎などに移動手段を提供しています。また、出張先で病気やけがなどをした時の搬送や、患者の方の外出、旅行などにも利用されています。緊急性を有しない搬送であることや有料であることなどが救急車と異なる点です。

(2)　運送業に該当するかどうかの判定

　福祉タクシーは、有料又は有償で行われる貨物や旅客の搬送事業以外のなにものでもありませんので、収益事業の「運送業」に該当することはいうまでもありません。このような運送業を開始した場合には、2か月以内に所轄の税務署に「収益事業の開始届」を提出して、事業年度終了後2か月以内に収益事業の確定申告を行うことが必要となります。

Question

39 出版社から受け取る原稿料（請負業）

　一般社団法人（非営利型法人）で会員の手記を集めて本を出版するつもりでしたが、できそうもないので、原稿を出版社に持ち込んで、本にして発刊してもらいました。出版社からは原稿料を受け取りましたが、収益事業になるのでしょうか。

　法人が本を自ら出版してその対価を受け取れば出版業ですが、原稿料を受け取っただけですので、請負業になります。

解説

　出版業は様々な原稿を印刷・製本して、書籍、雑誌などの出版物として販売する事業のことですが、これには、各種の名簿、統計数値、企業財務に関する情報等を印刷物等として印刷・製本し、これを販売する事業が含まれるとされています（法基通15－1－31）。

　ただし、他の者が出版する出版物の編集、監修等を引き受ける事業は請負業に該当し、出版物の取次ぎを行う事業は、物品販売業又は問屋業に該当するとされています（法基通15－1－31注書き）。

　法人が原稿料を受け取ったり、印税を受け取ったりすることも、請負業に該当すると思われます。

第4章

法人税

40 企業研修の依頼（請負業）

一般企業などから、従業員のメンタルに関する研修を依頼されて実施している一般財団法人（非営利型法人）があります。技芸教授業の中の 22 種類の技芸には該当するものがないので、収益事業の申告は行わなくてよいですよね。

A おっしゃっているメンタルに関する研修は、確かに技芸教授業の技芸には該当しませんが、一般企業が開催する企業研修の受託となると、請負業に該当する他の業務の受託と変わりがありませんので、請負業として収益事業の申告を行う必要があるのではないでしょうか。

解説

(1) 技芸教授業と請負業の違い

技芸教授業にいう技芸の教授は、公益法人等が開催するセミナー、講演会、教室等において広く多数の者に技芸の教授を行い、その教授を受けた者から受講料等が支払われる場合に、法人が受けたその受講料等について判定されるものです。

それが、一般企業が開催するセミナー、講演会、教室等において一般企業から委託された技芸の教授を行い、委託した一般企業から支払われた委託料等を公益法人等が受け取った場合には、収益事業の請負業に該当するものと思われます。

(2) 請負業と他の事業との関係

公益法人等の行う事業が請負又は事務処理の受託としての性質を有するものである場合において、その事業がその性格から見て他の種類の収益事業に該当するかどうかにより、収益事業の判定をすべきとき又は他の種類の収益事業と一体不可分のものとして課税すべきものと認められ

るときは、その事業は請負業には該当しないものとするとされています（法基通15−1−29）。

　企業研修の受託は、その性格から見て、例えば清掃や警備等の他の業務の受託と変わりがないところから、技芸教授業などで判定すべきものとは認められません。したがって、請負業に該当するかどうかの判定により、請負又は事務処理の受託としての性質を有するものとして、請負業に該当するものと思われます。

　一般財団法人（非営利型法人）で、昨年まで市から補助金を受けて行っていた防災教育事業について、今年は市から委託契約で行うという話がありました。事業の内容は今までと変わりありませんので、非収益事業でよいと思うのですが、どうでしょうか。

A　これまでの補助金を受ける事業は収益事業に該当しませんが、市からの委託契約で行う事業は、収益事業の請負業に該当することになります。

解説

(1)　自主事業と受託事業

　国や地方公共団体から補助金を受ける事業は、法人が行う自主事業に対して補助金が交付されるという事業の流れになりますから、自主事業が収益事業でなければ補助金も課税を受けることはありません。しかし、同じ事業でも、市からの委託契約で行うということになると、自主事業ではなく受託収益を対価とする受託事業ということになりますので、法人税法上は収益事業の請負業に該当することとなります。

　このように補助金がいつの間にか委託契約になっていたりすることがありますので、確認することが必要です。

(2)　収益事業からの除外

　しかし、請負業であっても、次のものは収益事業から除外されています（法令5①十イ）。

・　法令の規定に基づき国又は地方公共団体の事務処理を委託された法人の行うその委託に係るもので、その委託の対価がその事務処理のために必要な費用を超えないことが法令の規定により明らかなことその他の財務省令で定める要件に該当するもの

この要件として挙げられているのは、次の3つです（法規4の2）。

① その委託の対価がその事務処理のために必要な費用を超えないことが法令の規定により明らかなこと。

② その委託の対価がその事務処理のために必要な費用を超えるに至った場合には、法令の規定により、その超える金額を委託者又はそれに代わるべき者として主務大臣の指定する者に支出することとされていること。

③ その委託が法令の規定に従って行われていること。

このように、法令の規定があるかどうかがポイントになります。

(3) 実費弁償の確認

ただし、法令の規定がなくても、次の場合には収益事業から除外されます。

・ 公益法人等が、事務処理の受託の性質を有する業務を行う場合においても、当該業務が法令の規定、行政官庁の指導又は当該業務に関する規則、規約若しくは契約に基づき実費弁償（その委託により委託者から受ける金額が当該業務のために必要な費用の額を超えないことをいう。）により行われるものであり、かつ、そのことにつきあらかじめ一定の期間（おおむね5年以内の期間とする。）を限って所轄税務署長（国税局の調査課所管法人にあっては、所轄国税局長。）の確認を受けたときは、その確認を受けた期間については、その委託者の計算にかかるものとして当該公益法人等の収益事業としないものとする（法基通15－1－28）。

Question 42 無料配布の出版物（出版業）

一般社団法人（非営利型法人）で出版物を発行していますが、無料配布の場合は、どのようなものでも出版業になりませんか。

A 無料配布は出版業には当たりませんが、他の名目で代金を徴収していれば出版業に該当することになります。

解 説

(1) 出版業と関連する事業

出版業とは、文書・図画等の出版物を出版元として印刷し、又は印刷させて有料で発売・頒布する事業で、法人税法上の収益事業に挙げられています（法令5①十二）。当然のことながら、出版物を印刷するだけであれば、出版業ではなく「印刷業」に分類されます。また、出版元から出版物を仕入れて販売するだけであれば法人税法上は「物品販売業」に該当することになります。

なお、出版元と書店の間に入って出版物の取次ぎを行う場合は、「問屋業」か「物品販売業」に分類されます（法基通15－1－31（注）2）。それから、他の者が出版する出版物の編集や監修だけを引き受けて行う場合もありますが、これは法人税法上は「請負業」に分類されることになります（法基通15－1－31（注）1）。

(2) 出版業の対価

出版物の範囲には、書籍、雑誌、小冊子、新聞などのほか、各種の名簿や統計数値、企業財務に関する情報等も含まれますので、これらを印刷物にして販売すれば出版業になります（法基通15－1－31）。

しかし、出版物を無料で配布している場合には、当然、業としての出版業には該当しません。といっても、出版物の対価を別の形で、例えば会費等の名目で徴収していると認められるときは次のように取り扱うこ

ととされています（法基通 15－1－36）。

①　会員から出版物の代価を徴収しないで別に会費を徴収している場合には、その会費のうち当該出版物の代価相当額を出版業にかかる収益とする。

②　会員以外の者に配布した出版物について代価を徴収しないで会費等の名目で金銭を収受している場合には、その収受した金額を出版業にかかる収益とする。

趣味を同じくする会員で作っている一般社団法人（非営利型法人）が、有料で発行する会報等は出版業から除外されますか。

A 趣味を同じくすることは特定の資格とは認められないので出版業から除外されません。また、学術、慈善、その他公益を目的とする法人にも該当しないため、会報を有料で発行することは収益事業たる出版業に該当することとなります。

解 説

(1) 特定資格会員向けの会報

特定の資格を有する者を会員とする法人が、その会報その他これに準ずる出版物を主として会員に配布するために行うものは、収益事業たる出版業から除外されます（法令5①十二）。

特定の資格とは、特別に定められた法律上の資格、特定の過去の経歴からする資格その他これらに準ずる資格をいうとされており、単に年齢、性別、姓名が同じであるとか、趣味、嗜好が同じであることやそれに類することを、その会員の資格とするような法人は、特定の資格を有するものを会員とする法人とはならないとされています（法基通15―1―32）。

具体例を挙げると、法律上の資格は医師、弁護士、公認会計士、税理士、司法書士、建築士などが該当します。過去の経歴からする資格は、出身地、出身校、勤務先等の経歴に由来する資格が該当し、県人会、同窓会、職歴団体などが挙げられます。そして、思想、信条又は信教を同じくすることを会員の資格とするものは、このような法人には該当しないと考えられています。

(2) 学術、慈善等公益目的の会報

　学術、慈善その他公益を目的とする法人がその目的を達成するため会報を専らその会員に配布するために行うものも、収益事業たる出版業から除外されます（法令5①十二）。

　しかし、趣味を同じくする会員で作っている法人は、これに該当しませんので、会報を有料で発行する場合は、収益事業の出版業に当たります。

会報に準ずる出版物（出版業）

　一般社団法人○○県人会で 50 周年記念誌を発行して、会員に有料で配布している場合は出版業に該当しますか。

A　50 周年記念誌は、会員だけに必要とされる特殊な記事を内容とする出版物であって、市販性に乏しいと考えられるため、会報に準ずる出版物と認められます。このため、出版業には当たりません。しかし、そうした法人でも、会報や会報に準ずるもの以外の出版物を出版して販売する場合は、収益事業に該当することになります。

解 説

　特定の資格を有する者を会員とする法人が、会報に準ずる出版物を発行して会員に配布する場合は、収益事業から除外されます。

　会報に準ずる出版物とは、会報に代えて、又は会報に準じて出版される出版物で主として会員だけに必要とされる特殊な記事を内容とする出版物をいうとされています。したがって、会員名簿又は会員の消息その他これに準ずるものを記事の内容とするものは、会報に準ずるものに該当しますが、いわゆる単行本、月刊誌のように書店等において通常商品として販売されるものと同様な内容のものは該当しないとされています（法基通 15－1－33）。

主として会員に配布する会報（出版業）

　一般社団法人で会報の発行部数の約 20% を会員以外に対して販売していますが、出版業になりますか。

A 　特定の資格を有するものを会員とする法人であれば、会員以外の者に対する販売が全部数の 2 割程度まで許容されますが、これに該当しない一般社団法人が行えば収益事業たる出版業になります。

解説

　特定の資格を有する者を会員とする法人が、その会報その他これに準ずる出版物を主として会員に配布するために行うものは、収益事業たる出版業から除外されます（法令5①十二）。

　主として会員に配布することとは、会報その他これに準ずる出版物を会員に配布することを目的として出版し、発行部数の大部分（8 割程度）を会員に配布していることをいうとされています。

　この場合に、会員でない者でその会に特別の関係を有する者に対して対価を受けないで配布した部数は、会員に配布したものとして取り扱うこととされています（法基通 15－1－34）。つまり、会の関係者に贈呈したり、入会希望者に無償で配布したりしても、これは会員向けの配布に含めて配布の比率を計算することになります。

　特定の資格を有するものを会員とする法人に該当していない場合は、会員以外への配布の比率によらず収益事業となります。

Question	会員以外に販売する学術、慈善等の会報（出版業）
46	

学術を目的とする一般社団法人の会報を一部有料で会員以外に販売していますが、収益事業に該当しますか。

A 学術、慈善その他の公益を目的とする法人が、その会報を一部でも外部に販売した場合には、会報の出版は収益事業に該当することとなります。

解説

学術、慈善その他公益を目的とする法人が、その目的を達成するため会報を専らその会員に配布するために行うものは、収益事業たる出版業から除外されます（法令5①十二）。

①学術、慈善その他公益を目的とする法人

学術、慈善その他公益を目的とする法人とは、社会福祉事業、更生保護事業、学校を設置・運営する事業、慈善を目的とする事業、学術を目的とする事業、その他公益を目的とする事業を行う法人です。

②専ら会員に配布

専ら会員に配布することとは、「主として会員に配布すること」とは異なり、会報を会員だけに配布することをいうとされています。したがって、会員以外への有料販売は一切認められません。ただしこの場合にも、会員でないものでその会に特別の関係を有するものに対して対価を受けないで配布した部数は、会員に配布したものとして取り扱うことになっています（法基通15－1－35）。

Question 47 広告掲載料（出版業）

一般社団法人で発行している特定資格の会員向けの会報において、広告を有料で掲載していますが、収益事業になりますか。

 出版物が収益事業に該当しないので、広告の掲載も収益事業には当たりません。

解説

公益法人等が発行する出版物に、有料で広告を掲載することがあります。出版物の発行が収益事業たる出版業に該当する場合には、その広告掲載料収入は収益事業の付随収入となります。また、出版物に関連して有料で講演会等を開催し、入場料を得ることがありますが、これも出版物が収益事業に該当する場合には、入場料収入は収益事業の付随収入となります（法基通15−1−6（1））。

しかし、収益事業に該当しない出版物に広告を有料で掲載しても、収益事業にはなりません。

48　協賛企業の出展代（席貸業）

　医療系の研究者が集まっている一般社団法人（非営利型法人）で学会を開催します。学会には協賛企業がブースを出展して、自社製品などの宣伝や営業を行います。この協賛企業から受け取る協賛金は、非課税の受取寄附金として処理することでよいでしょうか。

A　この協賛金は、出展小間代といい、スペースの貸付けに対する対価として、収益事業の席貸業に該当するのではないでしょうか。ですので、受取寄附金とすることはできないと思います。

解説

(1)　席貸業の範囲

　席貸業は、有料、有償で部屋や会場などを貸し付けることをいいますが、すべて収益事業に該当するわけではなく、法人税法で収益事業の範囲は次のとおりとなっています（法令5①十四）。

　イ　不特定又は多数の者の娯楽、遊興又は慰安の用に供するための席貸業

　ロ　イに掲げる席貸業以外の席貸業（次に掲げるものを除く。）

　　ⅰ　国又は地方公共団体の用に供するための席貸業

　　ⅱ　社会福祉法第2条第1項（定義）に規定する社会福祉事業として行われる席貸業

　　ⅲ　私立学校法第3条に規定する学校法人若しくは同法第64条第4項（専修学校及び各種学校）の規定により設立された法人又は職業能力開発促進法第31条（職業訓練法人）に規定する職業訓練法人がその主たる目的とする業務に関連して行う席貸業

　　ⅳ　法人がその主たる目的とする業務に関連して行う席貸業で、当該法人の会員その他これに準ずる者の用に供するためのもののう

ちその利用の対価の額が実費の範囲を超えないもの

(2) 収益事業から除外される場合

　席貸業に該当する出展小間代であっても、法人が主たる目的とする展示会などで、法人が会場を一括して借り上げ、実費程度で会員や賛助会員に貸し付ける場合には、収益事業には該当しません。

Question 49　寄附金として処理された販売手数料（仲立業）

少年サッカー教室を主宰している一般社団法人（非営利型法人）が、会員にユニフォームやシューズ、バッグなどの指定用品を斡旋して、業者からは販売数に応じて協力金を受け取っています。これは受取寄附金として処理していますが、問題ないですよね。

A　これは寄附金の性格を有するものではなく、有料で行われる商行為の媒介として、収益事業の仲立業に該当します。

解説

仲立業は、他の者のために商行為の媒介を行うことをいい、例えば商品売買、用船契約又は手形割引等の金融の仲介や斡旋を行う事業が該当します（法基通15−1−46）。

法人が制服や制帽の販売を業者に委せ、その仲立ちとして手数料を得ている場合は仲立業に該当します。

販売している業者との契約の形態にもよると思いますが、販売を委託しているような内容であれば、物品販売業に該当するケースもあると思われます。

　一般財団法人（非営利型法人）でインターネットの広告を取り扱うことになりました。いわゆる広告代理店の業務になると思うのですが、広告業は収益事業の 34 業種の中にはありませんので、収益事業の申告は必要ありませんよね。

A　広告業としては 34 業種の中にはありませんが、広告代理店の業務は、収益事業の問屋業に該当しますので、やはり収益事業の申告は必要になります。

解説

　問屋業は、自己の名をもって他人のために物品の販売又は買入れをする事業をいいます。広告代理店の業務は、広告を出したい依頼主のために、法人が広告媒体の広告スペースを購入する事業であり、また同時に公告媒体の広告スペースを販売したい依頼主のために広告スペースを販売する事業ですので、間違いなく問屋業に該当します。

　問屋業は、自己の名をもって他の者のために売買その他の行為を行う事業（いわゆる取次業）をいい、例えば商品取引員、出版取次業、広告代理店業に係る事業が該当します（法基通 15－1－47）。

一般社団法人（非営利型法人）で、プロのミュージシャンの協力を得て、子ども食堂の運営資金を得るためのチャリティーコンサートを開催しようと考えています。法人税等が課税されないようにするには、どのようにすればよいでしょうか。

A 収益事業の興行業に該当しない慈善興業ですね。それにはまず、プロのミュージシャンが何らの報酬も受けないで、コンサートに協力してもらえるかどうかです。

解説

催物に係る純益の金額の全額が教育（社会教育を含む。）、社会福祉等のために支出されるもので、かつ、当該催物に参加し又は関係するものが何らの報酬も受けないいわゆる慈善興業につき、所轄税務署長の確認を受けたものは、収益事業の興行業に該当しないものとする（法基通15−1−53（1））とされています。

ですので、プロのミュージシャンだけでなく、他の出演者や関係者も報酬を受けず、純益の全額を、おっしゃっている「子ども食堂」の運営に支出することについて、所轄税務署長の確認を受けることが必要です。

　一般財団法人（非営利型法人）で、高校生によるダンス競技大会を企画しています。これには、法人税等がかかる場合と、かからない場合があると聞きましたが、どういう違いがあるのでしょうか。

A　高校生などを出演者とする興行では、実費に見合う程度の低い入場料のものであれば、収益事業の興行業には当たらず、法人税等が課税されないこととなっています。

解説

　学生、生徒、児童その他催物に参加することを業としない者を参加者又は出演者等とする興行（その興行収入の相当部分を企業の広告宣伝のための支出に依存するものについては、これにより剰余金の生じないものに限るものとし、その他の興行については、その興業のために直接要する会場費、人件費その他の経費の額を賄う程度の低廉な入場料によるものに限る。）につき、所轄税務署長の確認を受けたものは、収益事業の興行業に該当しないものとされています（法基通15−1−53（2））。

　これは大学、短大、専門学校等の学生、高等学校、中学校等の生徒、小学校、幼稚園、保育園等の児童などのプロではない者を、参加者や出演者、出場者、競技者等とするイベント等の取扱いです。

　一つは、企業の広告宣伝のための協賛金を受け取って行うもので、これは開催の費用に充てて剰余金が出なければ、興行業にならないとしています。

　もう一つは、その興業のために直接要する会場費、人件費その他の経費の額を賄う程度の低廉な入場料によるものであれば、興行業にならないとしています。

　どちらも、所轄税務署長の確認が必要です。

第4章

法人税

マージャンサロンの運営（遊技所業）

市の指定管理者として地域の高齢者サロンを運営している一般社団法人（非営利型法人）が、認知症の予防によいということで、利用者に会費制でマージャンを楽しんでもらっています。税務署への申告は必要ですか。

A 指定管理者としての業務は、市から報酬を得ているのであれば、収益事業の請負業に該当します。また、マージャンサロンの運営は、会費制で行っていても、収益事業の遊技所業に該当します。

解説

(1) 指定管理者

指定管理者とは、地方公共団体が、公の施設の管理を行わせるために、期間を定めて指定する団体のことです。以前の管理委託制度では、地方公共団体が公の施設の管理を委託できるのは、地方公共団体が出資する法人（公社、財団）や公共的な団体（社会福祉法人等）などに限定されていましたが、指定管理者制度では、株式会社などの営利法人やNPO法人、一般社団法人、一般財団法人だけでなく法人格のない町内会なども参加できるようになりました。

指定管理者である法人が、地方公共団体から受け取る指定管理料は、事務処理の受託の性格を有する業務の対価として請負業の収益に該当します。

(2) 遊技所業の意義

マージャンサロンの運営によって利用者から受け取る利用料は、遊技所業の対価としての性格を有します。遊技所業とは、野球場、テニスコート、ゴルフ場、射撃場、釣り堀、碁会所その他の遊技場を設け、これをその用途に応じて他の者に利用させる事業をいい、いわゆる会員制の

ものが含まれるとされています（法基通15−1−54）。

54 放課後デイサービス（医療保健業）

関与先の一般社団法人（非営利型法人）で、主に発達障害の子ども
たちを学校の放課後や休日などに預かる放課後デイサービスを行
っています。周囲には、同じ放課後デイサービスをやっている一般
社団法人やNPO法人もありますが、最近は会社が増えてきまし
た。聞いてみると、関与先も含めて一般社団法人やNPO法人など
は、収益事業の申告はしていないようですが、このままでよいので
しょうか。

A 放課後デイサービスが、収益事業の申告をしなくていいのか
どうか、会社などとの競争条件を等しくすべきだとのイコール
フッティングの考え方に照らしても、非常に厳しいところがあります
が、税務署の対応も微妙な状況のようですので、必ずしも率先して申告
しなくてもいいのではないでしょうか。

解説

(1) 障害福祉サービス

放課後デイサービスそのものではありませんが、障害者の日常生活及
び社会生活を総合的に支援するための法律（障害者総合支援法）に基づ
く障害福祉サービスは、障害者に対して介護等の提供を行う対人サービ
スであり、こうした障害者は医療保健面でのケアを必要とするのが通例
であることから、医療と密接な連携がなされており、実際面において、
これらは、個別支援計画の策定過程等を通じて確保されますので、この
ような特徴を有する障害福祉サービスは、原則として収益事業である
「医療保健業」に該当するとされます（法令5①二十九）。就労移行支援
のように、直接看護師の関与などがないようなものであっても、基本的
に医療保健面でのケアを必要とするものとして「医療保健業」に該当す

るとされています。

　また、仮に実態として医療や保健といった要素がないサービスを提供しているような場合があったとしても、障害者総合支援法の下で、事業者と利用者との間で利用契約を締結し、利用者からそのサービスの対価を受領することになるので、それはそれで収益事業の「請負業」に該当するとされます（法令5①十）。

(2)　放課後デイサービス

　放課後デイサービスは、障害者総合支援法に基づくものではなく、児童福祉法第6条の2の2第4項に基づいて行われる事業（正式には「放課後等デイサービス」といいます。）であることから、上記（1）とは異なるものだと考える向きもありますが、サービスの性格は同等のものであり、営利法人である会社が多く参入している事業としてイコールフッティングの考え方に照らせば、課税は避けられないと考えるべきではないかと思われます。ただし、収益事業としての届出や申告については、税務署の対応や全体のすう勢がはっきりするまで、保留するという選択肢もあるのではないでしょうか。

第4章

法人税

　スポーツに関する民間の資格を創設して、所定の研修を受講した者に資格を授与している一般社団法人（非営利型法人）があります。研修の受講料と資格の認定料のほかに、2年ごとに資格の更新料を得ていますが、収益事業にはならないでしょうか。消費税はどうでしょうか。

A　収益事業でいえば、技芸教授業のカテゴリーです。技芸教授業における「技芸の教授」は、技芸の内容が洋裁、和裁から小型船舶の操縦業に至る22種類が限定列挙されています。スポーツはそのいずれにも該当しませんので、技芸教授業には当たらず、収益事業にはなりません。しかし、受講の対価として得ている受講料、認定の対価である認定料、更新の対価である更新料は、いずれも消費税の課税取引となります。

解説

(1)　技芸教授業の判定

　技芸教授業は、技芸の教授、学力の教授、公開模擬学力試験の3つの事業から成っており、その中で技芸の教授については、次の22種類の「技芸」が限定列挙され、「教授」には通信教育によるものや、免許の付与その他これに類する行為を含むとされています（法令5①三十）。

　洋裁、和裁、着物着付け、編物、手芸、料理、理容、美容、茶道、生花、演劇、演芸、舞踊、舞踏、音楽、絵画、書道、写真、工芸、デザイン（レタリングを含む）、自動車操縦若しくは小型船舶（船舶職員及び小型船舶操縦者法第2条第4項（定義）に規定する小型船舶をいう。）の操縦

(2)　消費税の課否判定

　国内で事業者が事業として対価を得て行う資産の譲渡等が、消費税の課税の対象となりますが、法人が受ける受講料、認定料、更新料はいずれも法人が行う講習、認定、更新という役務提供の対価と考えられます。

56 コンクールやシンポジウムの参加費（技芸教授業）

ファッション関係者の集まりである一般社団法人（非営利型法人）が、ファッション・コンクールやファッション・ショー、シンポジウムを開催して会員や非会員の参加者から参加費を受け取っています。国内だけではなく、国外で開催する場合もありますが、課税関係はどうなりますか。

A ファッションは、技芸教授業の技芸（洋裁、和裁、デザイン等）の教授に該当しますので、コンクールやショー、シンポジウムなどについて、参加費として得た収入は、国内、国外を問わず法人税法上の収益事業になります。

消費税は、国外で開催されているものは国外取引として課税対象外ですが、国内の参加費は事業として対価を得て行うものとして課税取引となります。

解説

収益事業の所得には、国内源泉所得だけでなく国外源泉所得も含まれます。収益事業の申告を行う法人は、国内だけでなく、海外の収益事業を漏らさないように注意する必要があります。外国で支払った税金がある場合には、法人税の計算において、外国税額として控除することができます。

消費税の課税対象は、国内において事業者が事業として行う資産の譲渡等ですので、国内で開催されているイベントの参加費等は課税対象ですが、国外で開催されているものは課税対象外となります。

Question 57 データベースの会費（無体財産権の提供等）

会費制でデータベースの利用サービスを提供している一般財団法人（非営利型法人）がありますが、このサービスは収益事業になるでしょうか。収益事業になるとしたら、34業種の中の何に該当しますか。

A 公益法人等が、データベースの利用サービスを提供している場合には、著作権の提供を行っているものとして、無体財産権の提供等に該当すると思われます。

解説

(1) 無体財産権の提供等の範囲

無体財産権の提供等とは、その有する工業所有権その他の技術に関する権利又は著作権（出版権及び著作隣接権その他これに準ずる者を含む。）の譲渡又は提供を行う事業をいいます（法令5①三十三）。

ただし、次の事業は無体財産権の提供業であっても、収益事業から除外されています。

イ　国又は地方公共団体に対して行われる無体財産権の提供等

ロ　国立研究開発法人宇宙航空研究開発機構、国立研究開発法人海洋研究開発機構その他特別の法令により設立された法人で財務省令で定めるものがその業務として行う無体財産権の提供等

ハ　その主たる目的とする事業に要する経費の相当部分が無体財産権の提供等にかかる収益に依存している公益法人等として財務省令で定めるものが行う無体財産権の提供等

(2) データベースの利用

データベースとは、「論文、数値、図形その他の集合物であって、それらの情報を電子計算機を用いて検索することができるように体系的に

構成したもの」（著作権法 2①十の三）をいいます。データベースは、その情報の選択又は体系的な構成によって創作性を有するものは、著作物として著作権法の保護の対象となります（著作権法 12 の 2）。

Question 58 認定マークの使用料（無体財産権の提供等）

同業者団体で一般社団法人（非営利型法人）を作ることになりました。会費と認定マークの使用料で維持していく計画ですが、あらかじめ事業計画と収支予算に織り込んでおいた方がいい課税関係がありますか。

A 認定マークの使用料には、収益事業の無体財産権の提供業としての法人税等の課税と、使用の対価としての消費税の課税が生じますので、収支予算に織り込む必要があるでしょう。

解説

(1) 無体財産権の提供等

法人が有する工業所有権（特許権、実用新案権、意匠権、商標権）や著作権などを提供して使用料を受け取る事業は、収益事業の無体財産権の提供業になります。

ただし、その主たる目的とする事業に要する経費の相当部分が無体財産権の提供等に係る収益に依存している公益法人等として一定の要件を満たすものが行う無体財産権の提供等については、収益事業から除外されることになっています（法令5①三十三ハ）。この場合の一定の要件は、無体財産権の提供等に係る収益の額がその行う事業に要する費用の額の2分の1に相当する額を超えることとされ、事業に要する費用の額からは収益事業の費用は除かれますが、無体財産権の提供等を行う事業は含まれます。

(2) 認定マークの使用

このケースは、認定マークの使用ですので、工業所有権の中の商標権の提供に該当し、法人税等の課税を受けるとともに、対価取引として消費税等の課税を受けることになります。

　一般財団法人（非営利型法人）が職員を他の会社に出向させています。会社からは負担金として月額 50 万円を受け取り、本人には給料として約 30 万円を支払っています。

　出向は、収益事業の 34 業種のいずれにも該当しませんので、法人税の申告は不要だと思いますが、それでよいですよね。

A　非営利型法人が職員を出向させて受け取っている受取出向負担金は、法人税法上は収益事業の労働者派遣業の収益に該当し、法人税の申告が必要と思われます。

解説

(1)　労働者派遣業の意義

　収益事業の労働者派遣業とは、自己の雇用する者その他の者を、他の者の指揮命令を受けて、当該他の者のために当該他の者の行う事業に従事させる事業をいいます（法令5①三十四）。ここには、労働者派遣事業法上の労働者派遣事業のほか、自己と雇用関係のない者を、他の者の指揮命令（他の者との雇用関係に基づく指揮命令に限らない。）を受けて、当該他の者の行う事業に従事させる事業等が含まれるとされています（法基通15－1－70）。

(2)　労働者派遣業と出向

　収益事業の労働者派遣業は、業法や法形式の雇用関係や指揮命令系統に縛られず、実態として労働者派遣が行われていれば、該当するものとされています。

Question 60 低廉譲渡の適用（収益事業）

会館を所有している一般財団法人（非営利型法人）が、1階をレストランに周辺相場の半額で貸しています。レストランは理事長が経営している会社で運営しています。どういう問題があるでしょうか。

A レストランの家賃は、収益事業である不動産貸付業の対価として、実際の受取額と周辺相場との差額は「受取家賃」として計上し、益金に算入する一方で、「寄附金」に計上し、寄附金の損金算入限度額を超える金額については損金不算入として処理する必要があります。

また、この差額分は特定の者に対する特別利益の供与となり、非営利型法人の要件を満たしていないことになりますので、特別利益の供与の事由が生じた日を含む事業年度に遡って累積所得金額の課税と、以後の全所得課税が求められるものと思われます。

解説

(1) 寄附金の税制

法人税法では、法人が支出した寄附金は、課税所得を計算するときに一定の金額を超える金額は損金に算入できません。その場合の寄附金には、法人が資産の譲渡やサービスの提供をしたときに、通常の対価よりも低廉な価額で行ったりすると、その差額分のうち実質的に贈与と認められる金額も含まれることになっています。

(2) 公益法人等の低廉譲渡

ただし、公益法人等又は人格のない社団等については、通常の対価の額に満たない対価による資産の譲渡又は役務の提供を行った場合においても、その資産の譲渡等が当該公益法人等又は人格のない社団等の本来

の目的たる事業の範囲内で行われるものである限り、その資産の譲渡等については、この「低廉譲渡等」（法法37⑧）の規定の適用はないものとするとされています（法基通15－2－9）。

(3) 不動産貸付業における低廉譲渡

しかし、このケースのように、本来の目的たる事業ではない、収益事業の不動産貸付業において低廉譲渡があった場合には、寄附金税制の適用の対象となることはいうまでもなく、回答のような処理が求められることになります。

(4) 非営利型法人における特別の利益の意義

また、これとは別に、理事長が経営している会社に周辺相場の半額で建物を貸し付けていることは、「法人が特定の個人又は団体に対し、その所有する土地、建物その他の資産を無償又は通常よりも低い賃貸料で貸し付けていること」（法基通1－1－8（1））に当たり、非営利型法人の要件の一つである「特定の個人又は団体に特別の利益を与えないこと」を満たしていないため、非営利型法人ではなく、その事由が生じた日に普通法人に該当しているおそれがあります。

その場合には、普通法人に該当することとなった日前の収益事業以外の事業から生じた所得の金額の累積額（累積所得金額）を、益金の額に算入することが求められ、以後は普通法人として全所得課税を受けることになります。

Question 61 クラウドファンディングと収益事業

一般社団法人（非営利型法人）で、クラウドファンディングによって資金を集めて、様々な事業を行おうと考えていますが、課税関係はどうなりますか。

A クラウドファンディングには、寄附型と販売型、投資型の3つの種類があり、それぞれに応じて課税関係が異なると思われます。

解説

(1) 寄附型のクラウドファンディング

寄附型のクラウドファンディングに拠出された資金は、募集の趣旨に明示された事業の寄附金に該当しますので、その事業が収益事業に該当し、収益事業の収入又は経費の補填に充当されるものは、収益事業の益金の額に算入されますが、固定資産の取得又は改良に充当されるものは、たとえ収益事業の用に供されるものである場合であっても、収益事業に係る益金の額に算入されないことになっています。

(2) 販売型のクラウドファンディング

販売型（商品購入型）のクラウドファンディングに拠出された資金は、前受金として、開発された商品やサービスの対価に充当されますので、それが通常の物品である場合には製造業又は物品販売業、出版物である場合には出版業、サービスである場合には、それぞれの性質に応じて請負業、通信業、運送業、医療保健業、技芸教授業、無体財産権の提供業などの収益事業に該当することになります。

(3) 投資型のクラウドファンディング

一般社団法人には出資や持分を受ける仕組みがありませんので、投資型のクラウドファンディングに拠出された資金が、出資や持分に充当さ

れることはありませんが、借入金として受けることはできます。借入金
として受けた場合には、債権債務の関係ですから、収益事業に係るもの
であったとしても、法人税等の課税を受けることはありません。

62 生活の保護への寄与（収益事業からの除外）

清掃業務や警備業務などを役所や会社から受託する起業を考えている知人から、一般社団法人（非営利型法人）を設立して、高齢者を雇用すれば、税金がかからないと聞きました。問題ないのでしょうか。

A 確かに、年齢 65 歳以上の者を半数以上雇用すれば、収益事業から除外される制度はありますが、それには、その事業がこれらの者の生活の保護に寄与しているものであることが求められます。つまり、この事業でこれらの者が生活しているといえるだけの給与等を支払うことが要件となっています。

解説

(1)　事業従事者の半数以上

非営利型法人を含む公益法人等が行う 34 業種の事業のうち、その事業に従事する次に掲げる者がその事業に従事する者の総数の半数以上を占め、かつ、その事業がこれらの者の生活の保護に寄与していると認められるものは、収益事業に含まれないとされています（法令5②）。

① 身体障害者

② 生活保護法の生活扶助を受ける者

③ 知的障害者として判定された者

④ 精神障害者保健福祉手帳の交付を受けている者

⑤ 年齢 65 歳以上の者

⑥ いわゆる母子家庭で児童を扶養している者又は寡婦

(2)　生活の保護に寄与

その事業が、これらの者の生活の保護に寄与しているといえるためには、その事業からこれらの者に支払われる給与等が生活の保護に寄与す

るだけの水準であることが必要なことはいうまでもなく、収益事業課税を行うとこれらの者の生活の保護が損なわれるという理由によって、収益事業から除外されているものと考えられます。

　ですので、この制度はこれらの者の雇用を積極的に行って生活の保護に寄与することを目的とする公益法人等の事業の存続を阻害しないための制度であって、コスト削減や租税回避を目的に行うのであれば、それは本末転倒のことといわなければなりません。

63 収益事業に含まれる寄附金等（付随行為）

一般財団法人（非営利型法人）で寄附金をもらっても課税はされませんよね。

A 非営利型法人において、寄附金を受け取ること自体は収益事業の 34 業種のいずれにも該当しませんので、通常は非課税ですが、寄附金を受け取ることが何か別に行っている収益事業の付随行為に該当する場合には、その収益事業に含められて課税を受けることとなります。

解 説

(1)　付随行為の意義

収益事業は、法人税法施行令第 5 条第 1 項で 34 種類の該当事業を定めていますが、そこには「その性質上その事業に付随して行われる行為を含む」ものとされております。

寄附金や会費、補助金などを受け取る行為は、それぞれ独立した行為としては、モノやサービスの対価を受ける行為ではありませんので、収益事業に該当することはありませんが、法人が行っている収益事業の付随行為に該当するときは、収益事業に含まれて課税を受けることになります。

(2)　付随行為の例示

付随行為は、例えば次に掲げる行為のように、通常その収益事業に係る事業活動の一環として、又はこれに関連して行われる行為をいいます（法基通 15―1―6）。

① 出版業を行う公益法人等が行うその出版に係る業務に関係する講演会の開催又は当該業務に係る出版物に掲載する広告の引受け

② 技芸教授業を行う公益法人等が行うその技芸の教授に係る教科書

その他これに類する教材の販売及びバザーの開催

③　旅館業又は料理店業を行う公益法人等がその旅館等において行う会議等のための席貸し

④　興行業を行う公益法人等が放送会社に対しその興業に係る催し物の放送をすることを許諾する行為

⑤　公益法人等が収益事業から生じた所得を預金、有価証券等に運用する行為

⑥　公益法人等が収益事業に属する固定資産等を処分する行為

(3)　会費や補助金、寄附金が収益事業に含まれる場合

　介護サービス事業のみを行っている一般社団法人（非営利型法人）では、すべてが収益事業である「医療保健業」に該当しますが、利用者やスタッフなどから会費、寄附金などを受け取り、行政から補助金を受け取っている場合が少なくありません。このようにすべてが収益事業である場合、利用者やスタッフなどから受け取る会費、寄附金、補助金などは収益事業の附随行為に該当することが多いので注意が必要です。

Question 64 任意団体からの法人成り（付随行為）

これまで任意団体で学術的な研究会をやってきて、このたび一般社団法人化することになった団体があります。任意団体の預金約3,000万円を引き継ぐ予定ですが、税務上どういう点に注意して引き継いだらよいですか。また、会計処理はどのようにすればよいですか。

A 一般社団法人が非営利型法人であれば、3,000万円の財産の引継ぎに対して法人税等が課税されることはないでしょうが、非営利型法人以外の法人に該当すると法人税等が課税されますので、注意してください。また、非営利型法人であっても、税法上の収益事業の付随行為に該当すると、法人税等が課税されますので、その点も注意しなければなりません。

解説

任意団体からの3,000万円の財産の引継ぎは、仕訳で表すと次のようになります。

（現預金）3,000万円　（受取寄附金）3,000万円

非営利型法人以外の法人が受け取った場合には、全所得課税ですから、受取寄附金には収益として課税されます。非営利型法人で課税されるのは収益事業に該当した場合だけですが、寄附金受取業という収益事業はありませんので、受取寄附金は収益事業には該当しません。

ただし、何か収益事業の付随行為に当たれば課税されますので、その財産の引継ぎが収益事業に関連したものでないかどうか、慎重に検討することを忘れないでください。

Question 65　基本財産の拠出（付随行為）

　基本財産 3,000 万円を拠出して設立した一般財団法人（非営利型法人）があります。初年度は収益がゼロで、人件費や支払家賃などの維持費だけで 2,000 万円を費やしましたので、基本財産は1,000 万円しか残っていません。今後は収益事業と非収益事業を行う予定ですが、設立初年度は、どういう申告をすればよいでしょうか。

A　収益事業は行わず、収益事業の収入はなかったとして、法人税等の申告は行わなくてもよいのではないでしょうか。

解説

　基本財産 3,000 万円の拠出は、一般財団法人においては会社の出資のようなものではなく、単なる収益として受取寄附金に該当しますので、もし非営利型法人以外の全所得課税の法人であったり、収益事業に含まれる付随行為の収入に該当したりすると、1,000 万円の余剰に対して法人税等が課されることになります。

　会社であれば、3,000 万円は出資にすることができるため、維持費の2,000 万円は繰越欠損金として、翌期以降の損金控除に充当することができますが、一般財団法人ではそれができません。

Question 66 不動産の譲渡（付随行為）

会館を所有し、常設の博物館を営むかたわら、事務所や店舗に不動産貸付業を行っている一般財団法人（非営利型法人）があります。建物が50年経過して老朽化したので、この機会に、戦前から所有している土地付きで全部譲渡して移転することとなりました。相当の売却益が出ますが、課税関係はどうなるのでしょうか。

A 公益法人等が収益事業に属する固定資産を処分する行為は、収益事業の付随行為になりますが、相当期間（おおむね10年とされています。）にわたり保有していた不動産については、収益事業の損益に含めないことができることになっています。つまり、譲渡して譲渡益が出たとしても、会社のように課税を受けることはありません。

解説

公益法人等又は人格のない社団等が収益事業に属する固定資産につき譲渡、除却その他の処分をした場合におけるその処分をしたことによる損益は、原則として収益事業に係る損益となりますが、次に掲げる損益（当該事業年度において2以上の固定資産の処分があるときは、そのすべてに係る損益とする。）については、これを収益事業に係る損益に含めないことができるとされています（法基通15−2−10）。

① 相当期間にわたり固定資産として保有していた土地（借地権を含む。）、建物又は構築物につき譲渡、除却その他の処分をした場合におけるその処分をしたことによる損益（法基通15−1−12（不動産販売業の範囲）のただし書の適用がある部分を除く。）

② 収益事業の全部又は一部を廃止してその廃止に係る事業に属する固定資産につき譲渡、除却その他の処分をした場合におけるその処分をしたことによる損益

(1)　収益事業の区分経理

　収益事業を行う法人は、収益事業から生ずる所得に関する経理と収益事業以外の事業から生ずる所得に関する経理とを区分して行わなければなりません（法令6）。そして、所得に関する経理とは、単に収益及び費用に関する経理だけでなく、資産及び負債に関する経理も含まれます（法基通15-2-1）。

　その場合、収益事業について直接要した費用の額又は収益事業について直接生じた損失の額は、収益事業に係る費用又は損失の額として経理します。収益事業と収益事業以外の事業とに共通する費用又は損失の額は、継続的に、資産の使用割合、従業員の従事割合、資産の帳簿価額の比、収入金額の比その他当該費用又は損失の性質に応ずる合理的な基準により収益事業と収益事業以外の事業とに配賦し、これに基づいて経理することが求められます（法基通15-2-5）。

　なお、法人が収益事業以外の事業に属する金銭その他の資産を収益事業のために使用した場合においても、これにつき収益事業から収益事業以外の事業への賃借料、支払利子等を支払うこととしてその額を収益事業に係る費用又は損失として経理することができないのは当然です（法基通15-2-5（注））。

(2)　収益事業の申告

　非営利型法人が収益事業を開始したときは、その開始した日から2か月以内に収益事業開始届出書を税務署長に提出する必要があります（法法150①）。その場合、収益事業を開始した日から同日の属する事業年度終了の日までを最初の事業年度として、2か月以内に収益事業の所得について確定申告をする義務が課され、以後は収益事業を廃止するまで各事業年度終了の日から2か月以内に確定申告をしなければなりません

（法法 74①）。定款等の定めによる総会の開催など理由がある場合には、申告期限を 1 か月延長することができます（法法 75 の 2①）。

　収益事業の確定申告書に添付する書類には、収益事業に係る貸借対照表、損益計算書等のほかに、収益事業以外の事業に係る計算書類が含まれます（法基通 15―2―14）。

　なお、収益事業の申告には、普通法人のように中間申告・納付の制度は設けられていません。

　各地で防犯パトロールを実施している非営利型法人に該当する一般社団法人で、このたび法人のキャップとユニフォームを製作してパトロールに参加するメンバーに有料で販売することになりました。収益事業に該当するでしょうか。該当するとしたら、どういう税務上の手続きが必要になりますか。

A　収益事業の物品販売業に該当しますので、まず、税務署に収益事業の開始届を提出し、事業年度が終了したら、2か月以内に確定申告書を提出して法人税等の申告・納付を行います。

解説

　学校法人でも制服、制帽の販売は収益事業に該当するように、一般社団法人のユニフォーム、キャップの販売は収益事業になります。収益事業を開始したら2か月以内に「収益事業の開始届」を税務署に提出します（法法150①）。これには、開始貸借対照表を添付することが求められますが、開始時点では残高はすべてゼロでも差し支えありません。

　収益事業は区分経理が求められますので（法令6）、非収益事業会計と収益事業会計に会計単位を区分してそれぞれの会計帳簿を作成します。非収益事業会計から収益事業に事業資金等を拠出した場合、収益事業会計における仕訳処理の借方は「現預金」勘定ですが、貸方は「元入金」勘定を用いるのが通例です。これに対応する非収益事業会計の仕訳処理は、借方は「収益事業会計」勘定、貸方は「現預金」勘定となります。

　収益事業会計には、収益事業に直接要した費用・損失のほかに、収益事業と非収益事業に共通する費用・損失を合理的な基準により配賦して、区分経理します。

法人税の中間申告は、内国法人でも普通法人だけに義務付けられ、非営利型法人をはじめとする公益法人等には義務付けられていません（法法71①）。ですので、非営利型法人以外の一般社団法人、一般財団法人は中間申告が必要になります。

　法人税の確定申告は、普通法人だけにとどまらない内国法人に義務付けられていますので、収益事業を行っている非営利型法人は、各事業年度終了の日の翌日から2か月以内に確定した決算に基づき確定申告書を提出して法人税等を納付しなければなりません（法法74）。

　収益事業の申告を行う非営利型法人は、その確定申告書に収益事業の損益計算書、貸借対照表、損益金処分表を添付するだけでなく、法人全体の計算書類を添付することも求められています（法基通15－2－14）。

68 所得に関する経理（区分経理）

　一般社団法人（非営利型法人）で、収益事業としては団体生命保険の事務の請負業を行っているだけです。収益事業に係る損益計算書は作れますが、貸借対照表は作りづらいので省略したいのですが、別にかまわないでしょうか。

A　　原則として、損益計算書だけでなく、貸借対照表も作成しなければなりません。特に、青色申告法人の場合には貸借対照表の作成は欠かせません。

解説

(1)　区分経理

　収益事業を行う法人は、収益事業から生ずる所得に関する経理と収益事業以外の事業から生ずる所得に関する経理とを区分して行わなければならないとされています（法令6）。そして、所得に関する経理とは、単に収益及び費用に関する経理だけでなく、資産及び負債に関する経理も含むのは当然であるとされています（法基通15−2−1）。

(2)　確定申告書の添付書類

　収益事業の確定申告書に添付する貸借対照表、損益計算書等の書類には、収益事業以外の事業に係るこれらの書類が含まれるとされています（法基通15−2−14）。

(3)　青色申告法人の決算

　青色申告法人は、その資産、負債及び資本に影響を及ぼす一切の取引につき、複式簿記の原則に従い、整然と、かつ、明りょうに記録し、その記録に基づいて決算を行わなければならないとされ（法規53）、各事業年度終了の日現在において貸借対照表及び損益計算書を作成しなければならないとされています（法規57）。

Question

69 合理的基準による按分（収益事業の費用）

収益事業に係る区分経理を行う場合、収益事業の収益は容易に区分できるのですが、収益事業の費用はどのように区分すればよいでしょうか。

A 　収益事業の費用は、収益事業に直接かかった費用や損失の額と、収益事業と収益事業以外の事業にかかった共通費用の配賦額を計算して計上します。

解説

(1)　直接費用

収益事業について直接要した費用の額又は収益事業について直接生じた損失の額は、収益事業に係る費用又は損失の額として経理します（法基通15−2−5（1））。

(2)　共通費用

収益事業と収益事業以外の事業とに共通する費用又は損失の額は、継続的に、資産の使用割合、従業員の従事割合、資産の帳簿価額の比、収入金額の比その他当該費用又は損失の性質に応ずる合理的な基準により収益事業と収益事業以外の事業とに配賦し、これに基づいて経理するとされています（法基通15−2−5（2））。

(3)　内部費用

法人が収益事業以外の事業に属する金銭その他の資産を収益事業のために使用した場合においても、これにつき収益事業から収益事業以外の事業への賃借料、支払利子等を支払うこととしてその額を収益事業に係る費用又は損失として経理することができないのは当然であるとされています（法基通15−2−5（2）（注））。

第4章 法人税

143

使用人兼務役員の報酬（役員報酬）

　一般社団法人（非営利型法人）で、事務局長が突然退職したので、常務理事が事務局長を務めることになりました。今まで事務局長に支給していた分の給与と賞与は、従業員分給与として処理して問題ありませんか。

A　常務理事は、使用人兼務役員には該当しないという取扱いがありますから、常務理事に対して支払う給与や賞与は、すべて役員報酬として取り扱う必要があります。

解説

　税務上の収益事業を行っていない場合には、給与や賞与が損金算入されなくても特に気にする必要はありませんが、収益事業がある場合には、以下のような点を考慮して対応する必要があります。

　税務上、使用人に対する給与や賞与は、無条件で全額損金算入になりますが、役員に対する給与や賞与は無条件で損金算入できるわけではありません。そこで、その給与や賞与を使用人に対するものとして取り扱うか、役員に対するものとして取り扱うかで、大きな差が出てきます。

　役員は役員、使用人は使用人、とはっきりしていればいいのですが、必ずしもはっきりせず、役員と使用人を兼務する使用人兼務役員のような存在もあります。使用人兼務役員の場合には、使用人給与に相当する額と役員報酬に相当する額とを区分して取り扱うことになります。ただし、どんな場合でも使用人兼務役員として取り扱われるわけではありません。会長、副会長、理事長、代表理事、専務理事、常務理事などの職制上の地位を有する役員は、使用人兼務役員には該当しないとされています（法令71）。

**一般社団法人の解散、役員退職慰労金の未払い
計上、残余財産の処理（解散）**

　長年にわたり貸ホール事業や不動産貸付業を行ってきた一般財団
法人（非営利型法人）が、このたび解散して、財産をすべて清算手
続きによって換金し、残余財産は定款の定めに従いすべて類似の事
業を目的とする公益財団法人に帰属させることになりました。

　当事業年度は、役員に対する退職金を未払いで計上することがで
きれば、課税所得を圧縮することができます。残余財産の処理は、
翌事業年度にずれ込むことになりますが、これに対する課税上の取
扱いはどのようになりますか。

A　　法人が事業年度の中途において解散した場合には、解散事業
　　　年度を一事業年度とみなして法人税等の申告を行います。その
場合に、解散事業年度内の総会決議等で役員退職慰労金の額が具体的に
確定していれば、未払いで計上することができます。

　公益財団法人への残余財産の帰属処理は、特定公益増進法人に対する
寄附金の損金算入限度額までの損金算入が認められることになります。

解説

(1)　各事業年度の所得に対する法人税等

　法人が解散する場合、過去には清算所得課税の制度がありましたが、
平成 22 年度税制改正で廃止され、今はいつもどおりの各事業年度の所
得に対する法人税が課されるだけになっています。

(2)　解散事業年度と清算中の各事業年度

　事業年度は、解散の事由が生じた日で区切って、事業年度開始の日か
ら解散の日までを解散事業年度として、決算を行い、法人税等の申告を
行います。解散の日の翌日から事業年度終了の日までが次の事業年度と
なります。清算中は、清算手続きが終了して残余財産が確定するまで各

事業年度の決算と法人税等の申告・納付を行い、残余財産が確定して、残余財産の処分が終了したら清算結了となります。

(3) 未払役員退職慰労金の計上

解散事業年度の決算に当たり、解散事業年度内の総会決議等で役員退職慰労金の額が具体的に決定していれば、未払役員退職慰労金を計上することができます。

(4) 特定公益増進法人への寄附金

公益社団法人、公益財団法人は特定公益増進法人に当たりますので、残余財産を公益財団法人に帰属させる行為は、特定公益増進法人への寄附金に該当します。一般財団法人（非営利型法人）が、特定公益増進法人に寄附金を支出する場合の損金算入限度額は次のとおりです（法令77の2①二）。なお、これは一般の寄附金の損金算入限度額とは別枠で適用されます。ただし、特定公益増進法人の主たる目的である業務に関連する寄附金に限定されています。

損金算入限度額＝各事業年度の所得の金額×6.25％

Question 72 役員報酬の損金算入

　一般社団法人（非営利型法人）で、これまでは収益事業がなかったため、役員給与も定額ではなく、役員賞与も資金繰りの余裕を見ながら支給していましたが、このほど収益事業の請負業に当たる受託事業を大きく展開することになりました。そこで、今後は役員給与を収益事業の費用に計上する必要があると考えていますが、どういう点に注意して進めたらよいでしょうか。

A　役員給与を収益事業の費用に計上するためには、法人税法上の役員給与の損金算入の要件に適合するように支給する必要があります。

解説

　役員給与のうち、次に掲げる給与は、損金の額に算入されます。

(1)　定期同額給与

　定期同額給与とは、支給期間が1か月以下の一定の期間ごとであり、かつ、その事業年度内の各支給期間における支給額が同額であるものをいいます。

(2)　事前確定届出給与

　事前確定届出給与は、所定の時期に確定した額の金銭を交付する旨の定めに基づいて支給する給与です。

(3)　年1、2回の事前確定給与（届出不要）

　定期給与を支給しない役員に対して、金銭で支給する給与で所定の届出をしなくても事前確定届出給与に該当するとされているものです（法基通9−2−12（注））。

Question 73 交際費の損金算入限度額

一般社団法人（非営利型法人）で、税務調査において収益事業の広告宣伝費の中に税務上の交際費に該当する費用が 800 万円近く含まれていることがわかりショックを受けましたが、資本金 1 億円以下であれば問題がないといわれました。一般社団法人ですので、資本金はありませんが、どう計算するのでしょうか。

A 資本金等を有しない一般社団法人の場合は、次の算式で計算します。

{（総資産）－（総負債）－（当期正味財産増加額)｝ ×60％

$\times \quad \dfrac{\text{収益事業に係る資産の価額}}{\text{期末総資産の価額}}$

＝ 期末資本金等に準ずる価額

この期末資本金等に準ずる価額が 1 億円以下であれば、交際費は 800 万円まで損金算入されます。

解 説

(1) 交際費の損金算入限度額

法人が支出した交際費等の額のうち、損金の額に算入されるのは、接待飲食費の額の 50％ 相当額までとなっています（措法 61 の 4①)。しかし、期末の資本金等の額が 1 億円以下の法人については、800 万円まで損金算入される制度も選択できることとなっています（措法 61 の 4②)。

そこで、資本金等を有しない公益法人等において、期末資本金等に相当する金額をどのように計算するかですが、回答のような算式が定められています（措令 37 の 4①)。

(2) 公告宣伝費と交際費の区分

　多数の者に対して、主として広告宣伝効果を意図して交付するカレンダー、手帳、扇子、うちわ、手拭いなどの物品で少額なものは広告宣伝費とされます。

　また、不特定多数の者に対し、宣伝効果を意図する一般消費者に対する景品の費用や、工場見学者等に対する試食、試飲等の費用、抽選等により旅行、観劇等へ招待する費用なども広告宣伝費とされます。

　ただし、特定の者に対して、広告宣伝効果というよりは、贈答、謝礼を意図する金品の交付等は交際費とされます（措令 37 の 5、措通 61 の 4（1）－9）。

確定申告をしていない法人の義務（損益計算書 等の提出制度）

収益事業を行っていないので確定申告も何もしていない非営利型法人があります。消費税も免税点以下ですので、税務署に何もしなくてもよいと思うのですが、それでよろしいでしょうか。

A 法人税等の申告や、消費税等の申告は不要ですが、損益計算書等を税務署に提出しなければならない場合がありますので、ご注意ください。

解 説

(1) 損益計算書等の提出制度

公益法人等は、原則として事業年度終了の日の翌日から4か月以内に、その事業年度の損益計算書又は収支計算書を、主たる事務所の所在地の所轄税務署長に提出しなければならないと定められています（措法68の6）。なお、非営利型法人は、公益法人等の中に含まれますが、作成する計算書類は収支計算書ではなく、損益計算書と定められています（一般社団・財団法人法123②）。

ただし、年間の収入金額の合計額が8,000万円以下の小規模な法人や収益事業を行っていることにより法人税の確定申告書を提出する法人は提出する必要はありません。8,000万円以下かどうかの判定に際しては、資産の売却による収入で臨時的なものは除かれます（措令39の37②）。

また、8,000万円を超えていても、収益事業を行っていることにより法人税の確定申告書を提出する場合は、収益事業に係る貸借対照表及び損益計算書と非収益事業に係る貸借対照表及び損益計算書を添付するため、改めて4か月以内に損益計算書又は収支計算書を提出する必要はありません。

(2) 記載事項

　この場合の損益計算書又は収支計算書には、公益法人等の名称及び主たる事務所の所在地、（法人番号を有する場合は）法人番号、代表者の氏名、その事業年度の開始の日及び終了の日、その他参考となるべき事項を記載し、事業収益等については、事業の種類ごとに区分しなければなりません。

　損益計算書又は収支計算書を他の法令により作成している場合には、そのまま提出してもかまいませんが、事業の種類ごとに事業収益等が区分されていない場合には、区分記載した明細書を添付しなければなりません（措規 22 の 22）。

(3) 損益計算書、収支計算書に記載する科目（措規　別表 10）

　損益計算書、収支計算書は、公益法人等の行う活動の内容に応じ、おおむね次に掲げる科目に従って作成します。

① 損益計算書

収益の部

　基本財産運用益、特定資産運用益、受取入会金、受取会費、事業収益、受取補助金等、受取負担金、受取寄附金、雑収益、基本財産評価益・売却益、特定資産評価益・売却益、投資有価証券評価益・売却益、固定資産売却益、固定資産受贈益、当期欠損金等

費用の部

　役員報酬、給料手当、退職給付費用、福利厚生費、会議費、旅費交通費、　通信運搬費、減価償却費、消耗じゅう器備品費、消耗品費、修繕費、印刷製本費、光熱水料費、賃借料、保険料、諸謝金、租税公課、支払負担金、支払寄附金、支払利息、有価証券運用損、雑費、基本財産評価損・売却損、特定資産評価損・売却損、投資有価証券評価損・売却損、固定資産売却損、固定資産減損損失、災害損失、当期利益金等

② 収支計算書

収入の部

基本財産運用収入、入会金収入、会費収入、組合費収入、事業収入、補助金等収入、負担金収入、寄附金収入、雑収入、基本財産収入、固定資産売却収入、敷金・保証金戻り収入、借入金収入、前期繰越収支差額等

支出の部

役員報酬、給料手当、退職金、福利厚生費、会議費、旅費交通費、通信運搬費、消耗じゅう器備品費、消耗品費、修繕費、印刷製本費、光熱水料費、賃借料、保険料、諸謝金、租税公課、負担金支出、寄附金支出、支払利息、雑費、固定資産取得支出、敷金・保証金支出、借入金返済支出、当期収支差額、次期繰越収支差額等

Question 75　資産の取得に係る借入金の債務免除益

　一般財団法人（非営利型法人）で、所有土地の上に借入金で会館を建設しました。会館は、収益事業ではない研究施設と収益事業である不動産貸付業に供していますが、このたび借入金の債務免除を受けることになりました。この債務免除益の不動産貸付業に係る部分の金額は収益事業の付随行為として課税を受けることになるのでしょうか。

A　資産の取得に係る債務免除益は、たとえ収益事業に係るものであっても、収益事業の益金の額には算入しないとされています。

解説

(1)　債務免除益について

　債務免除益や寄附金収入、補助金収入のような「無償による資産の譲受け」は、会社のような普通法人においては益金に算入して法人税等の課税を受けることになります（法法22②）。

　しかし、非営利型法人のような公益法人の場合は、その収入が収益事業に該当するか、収益事業の付随行為に該当する場合でなければ、法人税等の課税を受けることはありません。もっとも、債務免除益や寄附金収入、補助金収入のような対価性のない収入が収益事業そのものに該当することはありませんので、あるとすれば収益事業の付随行為ということになります。

(2)　固定資産の取得に係る債務免除益

　それでは、どのような債務免除益や寄附金収入、補助金収入が収益事業の付随行為に該当するのかですが、これについては「収益事業に係る収入又は経費を補填するために交付を受ける補助金等の額は、収益事業

に係る益金の額に算入する。」（法基通15—2—12（2））とされています。そして、「固定資産の取得又は改良に充てるために交付を受ける補助金等の額は、たとえ当該固定資産が収益事業の用に供さてるものである場合であっても、収益事業に係る益金の額に算入しない。」とされています（法基通15—2—12（1））。

　つまり、固定資産の取得は収益事業の付随行為ではなく、収益事業に対する元入金の拠出のようなものとして考えられているということです。

76 赤字事業の申告義務

　寄附金で子ども食堂を運営している一般社団法人（非営利型法人）があります。子どもは原則無料にしていますが、大人は低廉な料金ですが有料にしています。どちらにしても赤字ですので、税務署に申告はしなくてよいでしょうか。

A　　　有料にしている大人の分は、収益事業の「料理店業その他の飲食店業」に該当し、赤字であっても収益事業の申告はしなければなりません。

解説

(1)　料理店業その他の飲食店業

　無料又は無償で飲食物の提供を行っても収益事業になることはありませんが、有料又は有償で飲食物の提供を行う場合は、学校法人が行う学校給食の事業を除いて、収益事業の「料理店業その他の飲食店業」に該当することになります。

(2)　収益事業の申告

　法人税の申告の義務は、その行う事業の黒字赤字にかかわらず、法人に義務付けられているものです。公益法人等にあっては、その行う収益事業が赤字であっても、法人税の申告をしなければなりません。

(3)　区分経理の必要性

　非営利型法人が収益事業と収益事業以外の事業を行っている場合には、区分経理を適正に行って、収益事業の所得の計算をしなければなりませんが、このように全く同一の事業の中に収益事業と収益事業以外の事業がある場合には、収益事業以外の事業に係る費用が収益事業の費用に計上されて赤字の計算になっている場合が生じがちなので注意する必要があります。

第4章

法人税

77 赤字の非収益事業と黒字の収益事業の合算

料理や手芸、工芸などの実用的な教室では黒字がでていますが、歴史、文化、思想などの一般教養的な講座では赤字になっていますので、この黒字と赤字を損益通算すると課税所得はほとんど生じていません。このやり方で問題ないでしょうか。

A 歴史、文化、思想などの一般教養的な講座は収益事業に該当しないため、その事業における赤字は、収益事業である料理や手芸、工芸などの教室の黒字とは損益通算できません。

解 説

収益事業の技芸教授業における技芸の教授は、すべての教室や講座、セミナーなどを対象とするものではなく、次の限定列挙された22種類の技芸の教授とされています（法令5①三十）。

> 洋裁、和裁、着物着付け、編物、手芸、料理、理容、美容、茶道、生花、演劇、演芸、舞踊、舞踏、音楽、絵画、書道、写真、工芸、デザイン（レタリングを含む）、自動車操縦若しくは小型船舶の操縦

ですので、この22種類の技芸に該当するものの教室や講座、セミナーなどは、収益事業の技芸教授業になりますが、これらに該当しない歴史、文化、思想などの一般教養的な講座は、収益事業の技芸教授業に当たりません。

したがって、収益事業の黒字と非収益事業の赤字を損益通算していることは、明確な誤りといえます。

収益事業の申告の誤りで影響が大きいのは、法人が実施している事業が収益事業であることに気が付かないことよりも、損益通算してはならない非収益事業の赤字を、収益事業の黒字と相殺することだと思われますので、注意が必要です。

Question 78 収益事業に係る資本の元入金

　一般社団法人（非営利型法人）において、収益事業を開始するに当たり、全部の資産及び負債の中から、収益事業用の資産及び負債を切り出しました。すなわち、収益事業を開始した日に、収益事業に属するものとして資産及び負債を区分し、資産の額の合計額から負債の額の合計額を控除した残額を、収益事業に係る資本の元入金として処理しました。

　その後も、収益事業以外の事業から収益事業に支出された金銭その他の資産の価額については同様に元入金として処理しています。これを、法人税申告書別表5（1）に記載するときには、どのようにするのでしょうか。

A　収益事業に係る資本の元入金は、法人税申告書別表5（1）に記載すべき「資本金等の額」でも、「利益積立金」でもありませんが、内書で記載が求められている金額があります。

解説

(1) 資本金等の額と利益積立金

　法人税法上、資本又は出資を有しない法人については資本金等の額を構成するものはないことから、この元入金は「資本金等の額」に該当することありません。また収益事業の留保利益を構成するものでもないことから、「利益積立金」に該当するものでもありません。

(2) 法人税申告書別表5（1）の記載

　収益事業に属することとなった資産の価額から負債の価額を減算した金額を、法人税申告書別表5（1）の「繰越損益金（損は赤）(25)」の「増③」の上段に内書するとともに、「差引合計額(31)」については、その内書した金額を「繰越損益金（損は赤）(25)」から減算して計算す

る旨が定められています（法規別表5（1）記載要領3（1））。

Question 79 非収益事業から収益事業に供する資産の価額

　一般財団法人で、これまで法人の非収益事業に使っていた建物を、第三者に貸し付けて、収益事業の不動産貸付業の用に供することになりました。建物は取得価額のまま、減価償却していないため、経過年数に応じた未償却残高を計算して、その価額で収益事業に付け替えるべきかと思いますが、よろしいでしょうか。

A　　収益事業以外の事業の用に供していた固定資産を、収益事業の用に供する場合、それまでの減価償却の状況やその有無に関わりなく、その供する時点の帳簿価額で付け替えることになっています。

解　説

　このようなケースの取扱いについて、法人税基本通達では次のとおり示されています。

> （固定資産の区分経理）
> 法人性基本通達 15−2−2
> 　公益法人等又は人格のない社団等が、収益事業以外の事業の用に供していた固定資産を収益事業の用に供することとしたため、これにつき収益事業に属する資産として区分経理をする場合には、その収益事業の用に供することとなった時における当該固定資産の帳簿価額によりその経理を行うものとする。この場合において、当該公益法人等又は人格のない社団等が、その区分経理に当たりあらかじめ当該固定資産につき評価換えを行い、その帳簿価額の増額をしたときであっても、その増額はなかったものとする。
> （注）　本文により収益事業に属するものとして区分経理をした固定資産に係るその後の償却限度額の計算については、7−4−3から7−4−4の2まで（（償却方法を変更した場合等の償却限度額））の例による。

　ここにある、「その帳簿価額の増額をしたときであっても、その増額はなかったものとする。」という取扱いは、課税上の弊害の観点から当然のこととして肯けるところです。したがって、例えば非収益事業で早期に償却済みとした減価償却資産などを、未償却として増額したり、時

価評価して増額したりするなどの行為が認められないことはいうまでも
ないところです。

　それでは、非収益事業で減価償却をしていなかったり、明らかに減価
償却が不足していたりする減価償却資産の場合は、どうでしょうか。課
税上の弊害の観点から減額しないでいいのでしょうか。これは疑義が生
じやすいところです。上記の通達は、「帳簿価額によりその経理を行う
ものとする」として、増額のみではなく減額も否定しているのですが、
課税上の弊害の観点から、増額はだめでも減額は必要なのではないかと
忖度しがちですので、留意する必要があります。

　上記の通達は、減額も必要ないとして、帳簿価額での経理を求めてい
ますので、減価償却をしていない場合には取得価額のまま収益事業に供
したものとして区分経理することとなります。

Question

80   為替差損の損金算入

東南アジアからフェアトレード商品を仕入れて、イベント会場やインターネットなどを通じて販売することを今期から始めた一般財団法人（非営利型法人）について、仕入れに係る外貨建債務の期末残高は 10 万ドルを超えており、仕入時から期末にかけて大きく円高に振れたために、多額の為替差損が生じています。これまで何の届出もしていませんが、この為替差損を収益事業の物品販売業の損金に算入できますか。

A　このような短期外貨建金銭債権債務は、換算方法の選定に関する届出がない場合には、期末時換算法によって換算することになりますから、換算した金額と帳簿価額との差額である為替差損を損金に算入することができます。

解説

(1)　外貨建債権債務の換算差損の損金算入

外貨建資産等の期末残高は、右表の区分に応じて、それぞれ右表の方法により円換算することになります（法法 61 の 9①、法令 122 の 4）。この場合、期末時換算法により換算した金額と帳簿価額との差額は、洗替方式により益金の額又は損金の額に算入することとされます（法法 61 の 9②〜④、法令 122 の 8）。

(2)　換算方法の選定・届出

外貨建資産等を取得した場合には、その取得をした日の属する事業年度の確定申告書の提出期限までに、期末換算の方法を書面により納税地の所轄税務署長に届け出ることとされています（法令 122 の 4、122 の 5）。

区　分		換算方法 （届出がない場合）	選択できる方法
外貨建債権債務	短期外貨建債権債務	期末時換算法	発生時換算法
	長期外貨建債権債務	発生時換算法	期末時換算法
外貨建有価証券	売買目的有価証券	期末時換算法	
	売買目的外有価証券	発生時換算法	期末時換算法
		発生時換算法	
外貨預金	短期外貨預金	期末時換算法	発生時換算法
	長期外貨預金	発生時換算法	期末時換算法
外国通貨		期末時換算法	

収益事業と電子帳簿保存法

　収益事業を行っていない非営利型法人である一般社団法人にも、電子帳簿保存法が適用されますか。

A　電子帳簿保存法は、個人の申告所得税や法人の法人税についての特例ですので、収益事業を行っていない非営利型法人である一般社団法人や一般財団法人には適用されません。

解説

　非営利型法人に該当する一般社団法人や一般財団法人においては、収益事業を行っている場合に法人税法の適用があり、その特例である電子帳簿保存法が適用されることになりますが、収益事業を行っていない場合には電子帳簿保存法は適用されません。

電子帳簿保存法で義務付けられる電子データの保存

　収益事業を行っている非営利型法人の一般財団法人では、電子帳簿保存法で求められている電子取引データの保存義務について、どのように対応したらよいか教えてください。

A　電子帳簿保存法では、申告所得税・法人税に関して帳簿・書類を保存する義務のある者が、注文書・契約書・送り状・領収書・見積書・請求書などに相当する電子データをやりとりした場合には、その電子取引データを保存しなければならないとされています。収益事業を行っている非営利型法人はその適用対象となります。

解説

　法人税や申告所得税では、国税関係帳簿（帳簿）や国税関係書類（書類）を原則 "書面" で保存することが義務付けられていますが、電子帳簿保存法に定められた要件を守ることで、"電子データ" での保存が認められています。

　電子帳簿保存法では、保存する帳簿・書類の種類等の基準で、「電子帳簿等保存」、「スキャナ保存」、「電子取引データ保存」に分けられ、それぞれに要件が定められています。「電子帳簿等保存」、「スキャナ保存」については、その要件を守ることで、本来は書面で保管すべき帳簿や書類を電子データで保存することが認められます。「電子取引データ保存」については、その要件を満たした上で電子データ（電子取引データ）を保存することが義務付けられています。

　非営利型法人である一般社団法人や一般財団法人が、法人税法上の収益事業を行い、注文書・契約書・送り状・領収書・見積書・請求書等に相当する電子データをやり取りした場合には、その電子データ（電子取引データ）の保存について電子帳簿保存法が適用されることになりま

す。

　なお、令和5年12月31日までに行う電子取引については、電子デー
タを単に保存しておくか、保存すべきデータを出力したことにより作成
した書面を保存し、税務調査等の際に提示又は提出ができるようにして
おけば差し支えないとされています。

　また、令和6年1月1日以後に行う電子取引については、税務署長が
相当の理由があると認め、かつ、保存義務者が税務調査等の際に、税務
職員からの求めに応じ、その電子データ及び出力書面の提示等をするこ
とができる場合には、その保存時に満たすべき要件にかかわらず電子デー
タの保存が可能となる措置（猶予措置）が講じられています。

　このように、令和5年12月末までに行う電子取引については、出力
書面のみを保存する方法で対応することが認められていましたが、令和
6年1月1日以降に行う電子取引については、出力書面のみを保存する
ことで対応することは認められておらず、電子データそのものを保存し
ておき、提示等ができるようにしておく必要があります（参照：国税庁
「電子帳簿保存法一問一答」令和5年6月）。

高齢者支援ビジネスに巣くう人たち

　超高齢化社会の我が国で、1人暮らしの高齢者は600万人に上るといわれています。この独居老人と呼ばれる人たちの心のすき間を突いて横行しているのが、オレオレ詐欺、架空請求詐欺、融資保証金詐欺、還付金詐欺等の「振り込め詐欺」ですが、独居老人たちをねらうのはそれだけではありません。あからさまな犯罪といえないまでも、この層をターゲットにしたあくどいビジネスも現れています。その一つが、身寄りのない高齢者が病院に入院したり施設に入居したりする場合の身元保証を行ったり、亡くなった後の葬儀の代行を行うという名目で会費を集めたり葬儀代を預かったりするビジネスです。不特定多数の人からお金を預かるには、銀行法や割賦販売法などの法的な根拠がなければなりませんが、これらのビジネスには明確な法的根拠がなく、出資法違反に問われるケースも出てきています。

　公益財団法人A協会の理事長ら役員3人が出資法違反で逮捕されたのは平成29年3月9日でした。この公益法人は、一般財団法人として設立され、平成22年に公益認定を受けて公益財団法人となったものですが、独居老人から集めた2億7,000万円を使い込んで破産し、内閣府から公益認定を取り消されました。

　愛知県で同じようなビジネスを行っていた一般社団法人Bが摘発を受けたのは脱税事件です。高齢者支援をうたって同じようなビジネスを行う民間事業者は愛知県内だけでも30前後にも及ぶといいますが、Bは名古屋市内を中心に1,000人ほどの会員がいて、年間約1億2,000万円ほどの売上をあげていました。

　このBが、末期がんを患っていた高齢の会員2人の遺産約1億5,000万円を譲り受けたというのですが、法人の収入に計上せず、

別口座に隠していたのです。そこに国税局の査察が入り、所得隠しが明らかになりました。脱税額は法人税約 3,900 万円で、重加算税を含めた追徴税額は約 7,000 万円に上るとされています。この一般社団法人が収益事業しか課税を受けない非営利型法人であれば、会員からの贈与や遺贈に課税を受けることはないのですが、非営利型法人に該当しない場合には、このように法人の受贈益として課税を受けることとなります。

第5章

消費税

5

1 法人税と消費税

　法人税と消費税は、それぞれの課税の対象を見ると、消費税の対象は法人税の対象よりも大きく、消費税の課税対象が法人税の課税対象を包み込むような形になっています。

　消費税の課税対象は、事業者が、国内において、事業として対価を得て行う資産の譲渡等とされています。ここにいう事業者とは、法人及び個人事業者となっていますので、法人である一般社団法人・一般財団法人は当然含まれます。資産の譲渡等とは、商品の販売などの資産の譲渡、建物の貸付けなどの資産の貸付け、サービスなどの役務の提供をいいます。ここから消費税の非課税取引を除いた課税資産の譲渡等が、消費税の課税対象です。

　これに対して、非営利型法人における法人税の課税対象は、収益事業の34業種に該当して継続的に行われる事業です。

　消費税の課税の範囲が広く対価取引に門戸を開いているのに対して、法人税の課税の範囲は、その対価取引の中で34業種に限定されるため、狭いものとなっています。これは消費税の課税対象である「事業者が、国内において、事業として対価を得て行う資産の譲渡等」の中に、収益事業の課税対象が包含される関係にあると考えられます。

　つまり、法人税の課税対象は、消費税の課税対象の中にほぼすっぽり収まっている、と見ることができます。これは法人税の課税対象の外に、消費税の課税対象となる領域が広く存在することを示しています。

　法人税はかからなくても、消費税がかかる取引が多いのは、この基本的な構造のためです。

83 懇親会の会費

　一般社団法人（非営利型法人）の会員の懇親を兼ねて、毎年総会の後に懇親会を開催しています。会員から集めた懇親会の会費はすべて非課税として処理をしていますが、それでいいですよね。

A　懇親会の会費は、法人税法上の収益事業には当たりませんので、法人税は非課税でいいですが、消費税は対価性のある取引として課税対象となります。

解 説

　法人税の課税は、収益事業の34業種に該当して継続的に行われているかどうかによりますが、公益法人等における消費税の課税は、ほとんど対価性があるかどうかのみによって定まることになりますので、消費税の課税範囲は法人税よりも広く、法人税はかからなくても、消費税がかかるケースは少なくありません。

　厳密にいうと、消費税の課税対象は、①事業者が、②国内において、③事業として対価を得て行う資産の譲渡等とされています（消法4①）。ここにいう事業者とは、法人及び個人事業者とされていますので、法人である一般社団法人は当然含まれます。また、懇親会は国内ですし、懇親会費という対価を得て会場や飲食物等を提供しているわけですから、資産の譲渡等に当たり、当然消費税の課税対象となります。

　ただし、その課税期間に係る基準期間の課税売上高及び特定期間の課税売上高等が1,000万円以下の小規模事業者については、適格請求書発行事業者を除き、納税義務が免除されて免税事業者となります（消法9①）。

84 ワークショップの参加費

子育てに関するワークショップを開催している一般社団法人（非営利型法人）で、ワークショップの参加者から参加費を集めていますが、課税関係はどうなりますか。

A 法人税は、技芸教授業に該当しないのでかかりませんが、消費税は参加のための対価として課税取引になりますので、免税事業者でなければ納税が発生します。

解説

法人税の収益事業の判定では、ワークショップは技芸教授業の範疇になります。おっしゃっている子育てに関する内容は、技芸の種類として挙げられている 22 種の技芸（Q55 参照）のいずれにも該当しませんので、収益事業の技芸教授業に当たりません。

しかし、消費税はワークショップという役務の提供の対価を得ているものとして、課税取引になります。

民間資格の認定料、更新料

　相続に関する民間資格を設けて、この資格の認定業務を行っている一般社団法人（非営利型法人）があります。資格の認定料と3年ごとの更新料が主な収入源ですが、法人税は技芸教授業に該当しないので、かからないものと思っております。消費税もかからないという認識でよろしいでしょうか。

A　　法人税は、おっしゃるように技芸に該当しないので収益事業にならず非課税です。しかし、消費税は、認定や更新という役務の提供に対する対価として課税取引になるものと思われます。

解説

　法人税については、相続に関する民間資格の内容が、技芸教授業の洋裁、和裁から小型船舶の操縦までの22種の技芸の中に該当するものがあるかどうかですが、該当するものはなく、収益事業としての課税はありません。

　しかし、消費税においては、認定料は民間資格の認定の対価として受けるものであり、また更新料は民間資格の更新の対価として受けるものと考えられますので、消費税の課税取引になるのではないでしょうか。

古物買取業者を通して不用品の寄附を受ける場合

支援者から本やブランド品などの古物を買取業者に送ってもらい、その代金を公益法人等で寄附金として受ける場合の課税関係はどのようになりますか。

A 法人税法上は法人が売却したものとして収益事業の物品販売業に該当し、消費税法上は対価を得て行う課税売上として処理をすることになります。

解 説

個人が古物買取業者に古物を売却する場合には、古物営業法により定められた本人確認を厳格に行う必要があります（古物営業法15①）。しかし、このようなスキームで代金を公益法人等に寄附する場合には、古物を送ってきた個人に対する本人確認が十分に行えないケースが多く、そのために古物買取業者においては、古物を売却する主体は個人ではなく、公益法人等が古物を売却する主体として手続きを行うのが通例となっています。

したがって、会計処理もその理解に基づいて次のように行うこととなります。

(1) 支援者からの古物の引取代金として、100が公益法人等の口座に振り込まれた。

（普通預金）100 （物品販売収益）100

(2) 支援者からの寄附金が100であることが判明した。

（仕入れ）　100　（受取寄附金）　100

この場合、物品販売収益100は、収益事業である物品販売業の益金となりますが、仕入れ代金100がこれに対応する売上原価として損金になりますので、結果として課税所得は生じないこととなります。

消費税は、物品販売収益は課税売上となりますが、仕入れは対価性が
ないために課税仕入れとなりません。

実行委員会が開催する研究大会

　毎年各地の実行委員会が持ち回りで研究大会を開催している法人
があります。会員の参加費と企業の展示収入を主な収入源として、
実行委員会が独立採算で行い、黒字の場合には実行委員会の取り分
とし、赤字の場合のみ法人が補填しています。これに関して、研究
大会は法人の事業には属さないものとして、実行委員会でも特に税
務上の処理はしていないようですが、大丈夫でしょうか。

A　　実行委員会は、税法上は人格のない社団等として法人とみな
され、所得税法、法人税法、消費税法等において、納税義務者
となりますので、必要な申告・納税や処理をすることが求められます。

解説

　人格のない社団等は、「法人でない社団又は財団で代表者又は管理人
の定めがあるものをいう。」と、法人税法、所得税法、消費税法でそれ
ぞれ定義された上で（法法2八、所法2①八、消法2①七）、「法人とみ
なしてこの法律の規定を適用する。」と定められています（法法3、所
法4、消法3）。

　一般財団法人（非営利型法人）で、法人税の申告期限については「事業年度終了の日から3か月以内に定時評議員会を開催する旨を定めている」ために、1か月延長する特例を受けておりますので、消費税についても1か月の延長を受けたいのですが、大丈夫でしょうか。

A　消費税についても、確定申告の期限を1か月延長する制度がありますが、これは法人税の申告期限の延長の特例を受けている法人が届出書を提出した場合に限られます。

解説

　法人税において、法人が定款等の定め又は特別の事情により各事業年度終了の日の翌日から2か月以内にその事業年度の決算についての定時総会が招集されない常況にあると認められる場合には、事業年度終了の日までに納税地の所轄税務署長に申請することにより確定申告書の提出期限を原則として1か月間延長する制度が設けられています（法法75の2①）。

　この「法人税の申告期限の延長の特例」の適用を受ける法人が、納税地を所轄する税務署長に「消費税申告期限延長届出書」を提出した場合には、その提出した日の属する事業年度以後の各事業年度終了の日の属する課税期間に係る消費税の確定申告の期限が1か月延長されます（消法45の2①）。ただし、申告期限が延長された期間の消費税及び地方消費税の納付については、その延長された期間に係る利子税を併せて納付する必要があります。

　一般財団法人（非営利型法人）と雇用関係があるものを派遣して派遣料を受け取っています。法人税と消費税の課税関係はどうなりますか。

A　法人税では収益事業としての労働者派遣業に該当し課税されます。また、消費税も、課税取引として課税されます。

解 説

(1)　法人税法上の労働者派遣業

　労働者派遣業は、自己の雇用する者を、他の者の指揮命令を受けて、当該他の者のために当該他の者が行う事業に従事させる事業をいうとされています。しかし、法人税法上の労働者派遣業は、労働者派遣事業法で認められた事業だけでなく、認められていない事業も含み、また自己と雇用関係のない者を派遣する場合も含まれるとしています（法法2十三、法令5①三十四、法基通15－1－70）。

(2)　消費税法上の労働者派遣業

　消費税法では、労働者の派遣（自己の雇用する労働者を、当該雇用関係の下に、かつ、他の者の指揮命令を受けて、当該他の者のために労働に従事させるもので、当該他の者と当該労働者との間に雇用関係のない場合をいう。）を行った事業者が当該他の者から収受する派遣料等の金銭は、資産の譲渡等の対価に該当するとされています（消基通5－5－11）。

第5章

消費税

COLUMN

実行委員会がなぜ問題になったか

　全国各地で行われるイベントの多くは、市民参加の実行委員会などが主催者となって開催されますが、有料のイベントともなると、入場チケットを販売して得られる興行収益も相当の金額に上ります。

　実行委員会にはボランティアの市民サポーターも参加しますが、事務局は市役所や市の外郭団体などに置かれ、担当者も市の職員などが務めていることが多いのが現状です。そのため、そうしたイベントに法人税や消費税がかかるという認識が欠けているケースが往々にしてあるようです。実行委員会は、税法上は人格のない社団等として法人とみなされることになり、収益事業の興行業には法人税がかかり、チケット収入には消費税がかかるのです。

　長野県の松本市で2年に一度開催される「信州・まつもと大歌舞伎」は、松本の夏の風物詩として多くの市民が楽しみにしているイベントですが、このイベントを主催する実行委員会が、関東信越国税局から、2010年〜2014年に至る5年分の法人税・消費税の申告漏れを指摘され、加算税、延滞税を含めて3,547万円を納付したと報じられたのは2015年3月のことでした。

　この「信州・まつもと大歌舞伎」のチケット収入は、1興行当たり1億2,000万円〜1億6,000万円もあり、かなりの剰余金が生じていましたが、実行委員会では納税は不要と判断していたようです。

　同じような申告漏れは、北海道の札幌市でもありました。「サッポロ・シティ・ジャズ」を主催する実行委員会が、2007年から2009年までの3年間、イベント開催で多額の収益を上げていたにもかかわらず、税務申告をしていなかったことが札幌市の予算特

別委員会で問題にされました。

　サッポロ・シティ・ジャズは、毎年夏に開催され、大通公園の会場を中心に有名アーティストが出演する国内最大級のジャズフェスティバルとされていますが、他にも不祥事がありました。

　シティ・ジャズのプロデューサーを務めていた財団法人Ｈの事業部次長が、その肩書を利用して、シティ・ジャズで取引のある会社から数百万円を借金したり、自分の妻が経営する会社にシティ・ジャズの業務を発注していたことなどがわかり、自分の地位を私的に利用したとして、懲戒解雇処分を受けていたのです。

2　消費税

(1)　消費税の課税範囲

　消費税の課税対象は、①事業者が、②国内において、③事業として対価を得て行う資産の譲渡等とされています（消法4①）。ここにいう事業者とは、法人及び個人事業者とされていますので、法人である一般社団法人・一般財団法人は当然含まれます。

　法人税の課税は、収益事業の34業種に該当して継続的に行われているかどうかによりますが、消費税は、34業種に該当しなくても、また継続的に行われていなくても、対価性があれば課税の対象になりますので、消費税の課税範囲は法人税よりも広く、法人税はかからなくても、消費税がかかるケースは少なくありません。

　また、消費税の計算は、法人税のように区分経理によって行うものではなく、法人のすべての収入の中の課税売上と、すべての支出の中の課税仕入れから計算します。

　ただし、その課税期間に係る基準期間の課税売上高及び特定期間の課税売上高等が1,000万円以下の小規模事業者については、適格請求書発行事業者を除き、納税義務が免除されて免税事業者となります（消法9①）。

(2)　仕入税額控除の特例

　一般社団法人・一般財団法人は消費税法別表第三の法人に含まれます。消費税法別表第三の法人が会費、寄附金、補助金などの対価性のない収入を得ている場合には、原則的な仕入控除税額からこれらの収入に係る課税仕入れ等の税額を差し引いた残額を仕入税額控除として控除することになっています（消法60④）。

　消費税法別表第三の法人は、会費、寄附金、補助金、助成金などの、いわゆる対価性のない収入を恒常的に受け取って事業や活動を行ってい

る法人です。このような収入によって賄われる課税仕入れ等がある場合、それは別表第三の法人にとっては最終消費的な性格を持つものであって、その課税仕入れ等に係る税額は法人が自己負担すべきものとされ、その分は仕入控除税額の中に含めるべきでないと考えられているからです。

　なお、このような特例の対象になる対価性のない収入を「特定収入」と呼んでいます。別表第三の法人が、免税事業者でなく、簡易課税制度の適用を受けていない場合で、特定収入があり、資産の譲渡等の対価の合計額に特定収入の合計額を加算した金額のうちに特定収入の合計額の占める割合（特定収入割合）が5％を超えるときには、課税仕入れ等の税額のうち対価性のない収入（特定収入）に対応する金額を計算し、これを仕入控除税額から除外する計算を行います（消令75⑤）。

　このような仕入税額控除の特例が適用されるのは別表第三の法人だけではなく、国、地方公共団体、人格のない社団等に対しても適用されます。

(3)　特定収入の範囲

　特定収入とは、資産の譲渡等の対価に該当しない収入のうち、仕入れに係る消費税を賄うべき収入と考えられているものをいいます。例えば次の収入が特定収入に該当するとされています（消基通16－2－1）。

①　補助金

②　交付金

③　寄附金

④　出資に対する配当金

⑤　保険金

⑥　損害補償金

⑦　対価性のない負担金

⑧　対価性のない会費等

⑨　対価性のない喜捨金等

他に特定収入の例として「租税」や「対価性のない他会計からの繰入

金」が挙げられますが、これらは国や地方公共団体の場合のみ適用される特定収入です。

　なお、資産の譲渡等の対価以外の収入であって、特定収入から除外されるべき収入として次のものが挙げられています（消法60④、消令75①）。

① 　借入金収入や債券発行収入
② 　出資金を受けた場合の収入
③ 　預金、貯金、及び預り金を受けた場合の収入
④ 　貸付回収金を受けた場合の収入
⑤ 　返還金、還付金を受けた場合の収入
⑥ 　特定支出のためにのみ使用する収入

　資産の譲渡等の対価以外の収入のうち特定収入に該当しないとされる収入の１つに、特定支出のためにのみ使用する収入があります。特定支出は、次のような課税仕入れに該当しないものに対する支出をいいますので、これらに充てられる収入が「特定支出のためにのみ使用する収入」ということになります。

① 　人件費
② 　法定福利費
③ 　保険料
④ 　公租公課
⑤ 　地代
⑥ 　住宅家賃
⑦ 　支払利息
⑧ 　土地取得費
⑨ 　有価証券取得費
　など

(4)　特定収入割合

　特定収入割合とは、特定収入の合計額が、資産の譲渡等の対価の額の合計額にその特定収入の合計額を加算した金額に占める割合をいいま

す。

　この場合の資産の譲渡等の対価の額は、課税売上高（税抜き）、非課税売上高、免税売上高の合計額に、国外において資産の譲渡等があった場合には国外における資産の譲渡等を加算した額になります。

$$特定収入割合 = \frac{特定収入の合計額}{資産の譲渡等の対価の合計額 + 特定収入の合計額}$$

　※1　資産の譲渡等の対価の額＝課税売上高（税抜き）＋非課税売上高＋免税売上高＋国外における資産の譲渡等の対価の額

　※2　特定収入割合を計算する場合、有価証券の譲渡については、譲渡価額の全額を分母に入れることになります。

(5)　特定収入の区分

　特定収入は「課税仕入れ等に係る特定収入」と「使途不特定の特定収入」に区分されますが、課税仕入れ等に係る特定収入は、法令又は交付要綱等により課税仕入れ等に充当されることが明らかな特定収入をいいます。これに対して、使途不特定の特定収入は、課税仕入れ等に充当するという指定のない特定収入です。対価性のない会費や使途に指定のない寄附金、補助金のうち法令や交付要綱等で課税仕入れ等に充当する旨の指定があるもの以外の補助金などをいいます（消令75④）。

(6)　調整割合

　課税仕入れに係る税額を全額控除できるケースだとすると、課税仕入れ等に係る消費税額は、次の5つの収入に対応することになります。

　①　課税仕入れ等に係る特定収入

　②　使途不特定の特定収入

　③　免税売上高

　④　非課税売上高

　⑤　課税売上高（税抜き）

　このうち①に対応する額は、①課税仕入れ等に係る特定収入を消費税額等の税込みの金額として、ここから抽出した消費税額の金額となります。課税仕入れ等に係る消費税額からこの①の消費税額を控除した残額

が、②〜⑤までの金額に比例して対応することになります。すなわち、②に対応する消費税額の場合は、②＋③＋④＋⑤を分母とし、②を分子として計算した割合に、前記の残額を乗じた額となります。なお、この割合は調整割合と呼んでいます。

そして、①に対応する消費税額と、②に対応する消費税額の合計額が、法人が最終消費的に負担すべき消費税額となりますから、これらを仕入控除税額から除外する計算をすることになります。

課税仕入れ等に係る税額を全額控除できないケースは、課税売上割合等を考慮した計算を行う必要があることはいうまでもありません。

(7)　補助金等の使途

補助金等の使途は、法令又は交付要綱等により補助金等の使途が明らかにされている場合には、その法令又は交付要綱等で明らかにされているところにより使途を特定するとされています（消基通16−2−2）。この場合の交付要綱等には、補助金等を交付する者が作成した補助金等交付要綱、補助金等交付決定書のほか、これらの附属書類である補助金等の積算内訳書、実績報告書を含むものとされています。

他に、国又は地方公共団体が合理的な方法により補助金等の使途を明らかにした文書において使途を特定する方法も認められています。

(8)　控除対象外仕入に係る調整計算

特定収入がある場合の仕入税額控除税額の調整計算が適用されている場合において、課税仕入れ等に係る特定収入を適格請求書発行事業者以外の者からの課税仕入れに充てたことが交付要綱等の客観的な文書により確認できる場合には、控除対象外仕入に係る支払対価の額の合計額に係る消費税相当額に「1−調整割合」を乗じた金額をその課税期間における課税仕入れ等の税額の合計額に加算することができます（消令75⑧）。すなわち、その課税仕入れに係る消費税相当額を取り戻すことができるようになっています。

<table>
<tr><td>Question</td></tr>
</table>

Question 90　消費税の計算

　会館を所有し、1 階は会員のための非収益事業を行い、2 階から5 階までは収益事業の不動産貸付業を行っている一般社団法人（非営利型法人）があります。消費税の計算は、簡易課税ではありませんので、法人税の計算と同じように、不動産貸付業の収入を課税売上として、不動産貸付業の支出を課税仕入れとして納付税額を計算してきました。ところが、最近、新任の理事から計算方法が間違っているのではないかといわれています。どうなのでしょうか。

A　消費税の計算は、法人税のように区分経理によって行うものではありません。消費税は、法人のすべての収入の中の課税売上と、すべての支出の中の課税仕入れから計算します。

解説

① 消費税の計算の仕組み

　消費税は、売上の消費税から仕入れの消費税を控除して、その差額がプラスであれば納付し、マイナスなら還付を受ける計算の仕組みです。

② 売上の消費税

　それでは、まず売上の消費税ですが、この一般社団法人の収入が、会費収入、不動産貸付収入だけだったとすると、この中の不動産貸付収入が課税売上となります。課税売上に 110 分の 100 をかけて計算した税抜きの金額が消費税の課税標準額となります。この課税標準額に 100 分の7.8 をかけて計算した金額が消費税額です。

③ 仕入れの消費税

　次に仕入れの消費税ですが、すべての仕入れの中から課税仕入れに該当する金額を抽出します。課税仕入れに 110 分の 7.8 をかけて、仕入税額を計算します。

④　特定収入割合

　次に、課税対象外である会費収入（これを「特定収入」といいます。）の全体の収入に占める割合（これを「特定収入割合」といいます。）を計算します。

⑤　仕入税額からの除外

　特定収入割合が5%を超えた場合、仕入税額に調整割合（このケースの場合は特定収入割合と同率）をかけて、仕入税額から除外される仕入れ除外税額を計算します。そして、仕入税額から仕入れ除外税額を控除した残額が、仕入控除税額となります（消法60④）。

⑥　納付税額

　消費税額から仕入控除税額を引いた残りが、消費税の納付税額です。

Question 91 特定収入の区分

消費税の特定収入の取扱いにおいて、受取補助金はまず「特定収入」と「特定収入以外の不課税収入」に区分し、次に特定収入は「課税仕入れ等に係る特定収入」と「使途不特定の特定収入」に区分しますが、受取寄附金も同じような区分をすることになりますか。

A 受取寄附金については、まず「特定収入」と、もしあればですが、「公益社団法人、公益財団法人が＜特定収入に該当しない寄附金＞として行政庁の確認を受けた寄附金」に区分し、特定収入はすべて「使途不特定の特定収入」に区分することになります。

受取補助金と受取寄附金の特定収入の取扱いは大きく異なっていますので、注意が必要です。

解説

（1）受取補助金の区分（消令75①六）

（2）受取寄附金の区分（消令 75①六ハ）

寄附金	公益社団法人、公益財団法人が 「特定収入に該当しない寄附金」 として行政庁の確認を受けた寄附金	
	特定収入	使途不特定の特定収入

190

Question 92 基本財産の受入れ

一般財団法人（非営利型法人）の基本財産の受入れは特定収入に
なりますか。

A 財団法人においては設立時の拠出金の受入れも、基本財産の
受入れも寄附金収入として、原則として特定収入となります。

解 説

消費税法基本通達16−2−5「基金に係る金銭の受入れ」は、基本財
産に類似する基金についての取扱いを示しています。

【消基通16−2−5】

国、地方公共団体（特別会計を設けて事業を行う場合に限る。）、法別
表第三に掲げる法人又は人格のない社団等（以下「公共法人等」とい
う。）が一定の事業の財源（以下「基金」という。）に充てるために他の
者から受け入れる金銭が特定収入に該当するかどうかは、次に掲げる区
分に応じ、それぞれ次による。

(1) 一定の事業目的のために設立された公共法人等の活動の原資とな
る金銭で当該法人等の解散の際には当該金銭の支出者に残余財産が
帰属するなど、出資としての性格を有し、かつ、公共法人等の貸借
対照表上資本勘定又は正味財産の部に計上される金銭

出資金としての性格を有するものであり、特定収入に該当しな
い。

(2) 基金として受け入れる金銭で、一定期間又は事業の終了により当
該金銭の支出者に返済することとなり、借入金としての性格を有
し、かつ、公共法人等の貸借対照表上負債勘定で計上される金銭

借入金としての性格を有するものであり、特定収入に該当しな

い。

(3) 基金として受け入れる金銭（(1)及び(2)に該当するものを除く。）
で法令において、事業は当該基金を運用した利益で行い、元本につ
いては取崩しができないこととされている金銭

公共法人等の解散等一定の事実の下に当該基金が取り崩される課
税期間に当該取崩額の収入があったものとして取り扱い、当該取り
崩す基金の使途により特定収入に該当するかどうかの判定を行うも
のとする。

(4) 基金として受け入れる金銭のうち(1)、(2)及び(3)に該当しない金
銭

当該基金を受け入れた課税期間において、特定収入となる。

Question 93 社員の会費

一般社団法人が社員から受け取る会費は消費税の課税対象ですか。

会費に対価性があるかどうかにより、対価性があれば課税対象となり、対価性がなければ課税対象となりません。

解説

非営利法人が受け取る会費には、公益社団法人や一般社団法人が社員から受け取る会費、NPO法人が社員から受け取る会費などがありますが、この会費と法人の役務提供との間に対価関係があれば課税対象となり、対価関係がなければ課税対象となりません（消法4③二）。

なお、公益財団法人や一般財団法人が賛助会員から受け取る会費については、対価性がないのが一般的ですが、対価性が明白であれば課税対象となります。

同業者団体、組合等が受け取る会費、組合費等は、その同業者団体、組合等がその構成員に対して行う役務の提供との間に明白な対価関係があるかどうかによって判定しますが、判定が困難な会費、組合費等について、同業者団体、組合等が不課税とし、会費を支払う事業者が課税仕入れに該当しないものとしている場合には、認められます。ただし、同業者団体、組合等はその旨を構成員に通知するものとされています（消基通5―5―3）。

同業者団体、組合等が受け取る会費、組合費等のうち通常会費は、資産の譲渡等に該当しません。名目が会費等であっても、実質が出版物の購読料、映画・演劇等の入場料、職員研修の受講料、施設の利用料等と認められるときは、資産の譲渡等の対価に該当します（消基通5―5―3）。

94 共同事業の分担金

同業者を会員とする一般社団法人で、共同宣伝のための負担金を徴収していますが、消費税の課税の対象となりますか。

 共同宣伝のための費用の負担金は、会員に対する役務提供の対価と認められるため、課税対象となります。

解説

同業者団体等の構成員が共同して行う宣伝、販売促進、会議等の共同行事に要した費用を賄うために主宰者が参加者から収受する負担金、賦課金等については、主宰者において資産の譲渡等の対価に該当します（消基通5—5—7）。

ただし、その費用の全額について参加者ごとの負担割合があらかじめ定められている場合で、各参加者ごとに共同行事を実施したものとして、負担金等につき仮勘定として経理したときは、これを認めることとされています。その中に課税仕入れに該当するものがあるときは、各参加者が課税仕入れとして処理するものとされています（消基通5—5—7）。

税抜方式と税込方式

消費税の会計処理には、受取消費税や支払消費税を勘定科目を区分して処理する税抜方式の方法と、勘定科目を区分しない税込方式がありますが、非営利法人には税込方式が多いのはなぜですか。

A 　税抜方式は、会計処理により納付消費税額の見当がつけられることに利点がありますが、特定収入の多い非営利法人の場合には、見当がつかないので、税抜方式で行う意味がないためです。

解説

消費税の会計処理には、消費税額を課税売上及び課税仕入れのそれぞれの科目の中に含めて処理する税込方式と、消費税額を課税売上及び課税仕入れのそれぞれの本体価格と区分して仮受消費税と仮払消費税として処理する税抜方式の2つがあります。

処理としては税込方式の方が簡単で負担がかかりませんが、納付すべき消費税額が最後の最後までわからないという欠点があります。それに対して、税抜方式は仮受消費税と仮払消費税の差額が納付すべき税額の目安になるというメリットがあります。

しかし、非営利法人の場合には、税抜方式で処理をしたとしても、特定収入が多いと仮受消費税と仮払消費税の差額が納付すべき税額の目安となりません。そうなると、税抜方式は処理が面倒なだけで、あまり役に立たないということになってしまいます。そこで、非営利法人は税込方式を採用する法人が多くなるわけです。

法人区分の異動に伴う消費税の課税期間

法人の区分に異動があった場合の課税期間の取扱いは、どうなりますか。

A 消費税の課税期間は、その法人の事業年度とされています。法人税においては法人の区分に異動があった場合には、事業年度開始の日から異動の日の前日までと、その異動の日から事業年度終了の日までとに、事業年度が区分されます。そのため、消費税についてもその区分された事業年度それぞれが課税期間となります。

解 説

(1) 課税期間

消費税の課税期間は、法人が課税期間の特例を選択している場合を除き、その法人の事業年度とされています。

一般社団法人が公益認定を受けて公益社団法人となった場合等、法人の区分に異動があった場合には、定款で定めた事業年度開始の日からその該当することとなった日の前日までと、その該当することとなった日から定款で定めた事業年度終了の日までとに事業年度が区分されることになります。そのため、その区分された事業年度それぞれが消費税の課税期間となります。

事業年度が区分され、各課税期間について課税事業者である場合には、それぞれの課税期間の末日の翌日から2か月以内に消費税の確定申告書を納税地の所轄税務署長に提出しなければならないとされています（消法19、45）。

● 消費税の課税期間

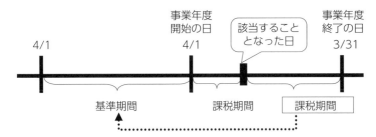

(2) 該当することとなった日

①　公益社団・財団法人から非営利型法人以外の一般社団・財団法人へ

→　公益認定取消しの日

②　公益社団・財団法人から非営利型法人へ

→　公益認定取消しの日（同時に非営利型法人の要件のすべてに該当することとなった日）

③　非営利型法人から公益社団・財団法人へ

→　公益認定を受けた日

④　非営利型法人から非営利型法人以外の一般社団・財団法人へ

→　非営利型法人の要件に該当しなくなった日

⑤　非営利型法人以外の一般社団・財団法人から公益社団・財団法人へ

→　公益認定を受けた日

⑥　非営利型法人以外の一般社団・財団法人から非営利型法人へ

→　非営利型法人の要件のすべてに該当することとなった日

97 特定収入になる受取寄附金

　奨学金の給付事業を行う一般財団法人について、寄附金でも一般募金は一般正味財産増減の部の受取寄附金で計上していますが、奨学金の財源は指定正味財産増減の部の受取寄附金で計上し、一部を受取寄附金振替額として一般正味財産に振り替えています。消費税の特定収入を計算するときは、一般正味財産増減の部で計算すればよいのでしょうか。

A　特定収入になる受取寄附金は、当期に受け取った金額ですので、一般正味財産増減の部の一般募金の金額と、指定正味財産増減の部の受取寄附金の金額になります。受取寄附金振替額は、特定寄附金にカウントしません。

解説

　指定正味財産で受けた受取寄附金を一般正味財産に振り替える処理は、法人内部の取引についての処理に過ぎません。特定収入は、資産の譲渡等の対価に該当しない寄附金、補助金などの外部からの得た収入をいいます（消基通16−2−1）。これは、指定正味財産、一般正味財産の区分によらず、該当するものは特定収入になりますが、単なる区分間の振替えが特定収入に該当することはありません。

　一般社団法人で、恒常的に特定収入がありますので、毎事業年度、特定収入割合を計算して特例計算をすべきかどうか判定しておりますが、実際の特例計算は特定収入割合ではなく、調整割合を用いて行います。どうしてなのか、よく呑み込めませんので、教えてください。

A 　特定収入には、「課税仕入れ等に係る特定収入」と「課税仕入れ等に係る特定収入以外の特定収入」の２種類があります。

　特定収入割合は、この法人の特定収入に重要性があるかどうかを判定するために用いるものです。ですので、この２種類の特定収入の合計額の総収入に占める割合を計算します。

　調整割合は、この２種類の特定収入うち「課税仕入れ等に係る特定収入以外の特定収入」についての具体的計算をするために用いるものです。ですので、「課税仕入れ等に係る特定収入以外の特定収入」の総収入に占める割合を計算します。

解説

特定収入割合と調整割合の計算式を示すと次のとおりです。

(1)　特定収入割合

$$特定収入割合 = \frac{特定収入}{資産の譲渡等の対価の額 + 特定収入}$$

(2)　調整割合

$$調整割合 = \frac{課税仕入れ等に係る特定収入以外の特定収入}{資産の譲渡等の対価の額 + \begin{array}{l}課税仕入れ等に係る特\\定収入以外の特定収入\end{array}}$$

(3)　資産の譲渡等の対価の額の範囲

資産の譲渡等の対価の額

$=$ 課税売上（税抜）＋輸出免税売上＋非課税売上＋国外取引

［注意点］

① 課税売上高は税抜金額

② 輸出免税売上高を含める

③ 貸倒れの金額は控除しない

④ 貸倒れ回収額は加算しない

⑤ 低額譲渡・みなし譲渡の場合の対価の額とみなされた金額を含める

⑥ 国外の売上高を含む

⑦ 有価証券の譲渡対価の全額を算入

⑧ 売上対価の返還等の金額を控除しない

フェアトレード商品の仕入れと販売

一般社団法人（非営利型法人）で、アフリカからフェアトレード商品を仕入れて国内で販売することになりました。規模としては年間数百万円の売り上げを予定しています。法人税は物品販売業として課税になると聞きました。消費税は、これ以外に課税売上はありませんが、どうなるのでしょうか。

A 売上に対しては、基準期間の課税売上高 1,000 万円以下の小規模事業者として納税義務は免除されますが、仕入れに際して、海外からの輸入取引については、消費税が課税されます。

解説

消費税の事業者は、売上に係る消費税から、仕入れに係る消費税を控除して、差額があれば国に納付し、控除しきれなければ国から還付を受けます。しかし、免税事業者は、消費税の差額があっても納付する義務がない代わりに、控除しきれない消費税があっても還付を受けることができません。

ですので、フェアトレード商品の仕入れが多くなって、控除しきれない消費税が想定できる場合には、免税事業者ではなく課税事業者を選択することによって、還付を受けることができます。ただし、いったん課税事業者を選択すると、2 事業年度は免税事業者に戻ることができませんので、注意が必要です。

海外の講師に、オンラインで講演をしてもらった場合の消費税の課税関係について教えてください。また、インターネットに広告を出して、その料金を海外に送金している場合の消費税の課税関係はどのようになりますか。

A いずれも、特定課税仕入れに係る支払対価の額としてリバースチャージ方式の申告をすることが必要になります。ただし、課税売上割合が 95％ 以上なら必要ありません。

解説

海外の講師にオンラインで講演をしてもらったり、海外の事業者にインターネットの広告料を支払ったりすることは、事業者向け電気通信役務の提供に該当します。

インターネット等を通して行われる電子書籍・音楽・広告の配信などの役務の提供を「電気通信利用役務の提供」と呼んでいます（消法2①八の三）。この役務の提供が、消費税の課税対象となる国内取引に該当するかどうかの内外判定は、役務の提供を行う者の所在地ではなく、「役務の提供を受ける者の住所等」によって行うこととされています（消法4③三）。

ですから、海外の講師にオンラインで講演をしてもらうことは、「電気通信利用役務の提供」に該当し、その役務を受ける法人の住所等が国内にあれば、国内取引として消費税の課税対象となります。

この電気通信利用役務の提供は、役務の性質又は当該役務の提供に係る取引条件等から当該役務の提供を受ける者が通常事業者に限られる「事業者向け電気通信役務の提供」と、それ以外のものに区分されます（消法2①八の四）。

「事業者向け電気通信利用役務の提供」には、国外事業者から当該役務の提供を受けた国内事業者が申告・納税を行う「リバースチャージ方式」が適用されます（消法5①）。

　リバースチャージ方式によると、課税標準額に「事業者向け電気通信利用役務の提供」の取引金額を加算する一方で（消法5①、28②、45①一）、仕入税額控除の対象となる課税仕入金額にも加算することとなります（消法30①）。もっとも、課税売上割合が95％以上である事業者や簡易課税制度が適用される事業者については、当分の間、「事業者向け電気通信利用役務の提供」はなかったものとされますので、リバースチャージ方式による申告を行う必要はありません。また、その仕入税額控除も行えません（平成27年改正法附則42、44②）。

　ちなみに、海外の講師にオンラインで講演をしてもらう場合の講演料に対する源泉徴収の取扱いですが、これは国外源泉所得として、源泉徴収の対象ではありませんので、ご留意ください。

共同開催イベントでのインボイス発行

一般社団法人である学会で、いくつかの団体と共同でイベントなどを開催する場合、インボイスの発行はどのようになりますか。

A　　共同開催を行う団体のすべてが適格請求書発行事業者である場合には、必要な届出を行うことにより、インボイスを発行することができます。

解説

複数の団体が共同で事業を実施する場合、民法上の組合契約を締結していなくても、黙示の合意で民法上の任意組合に該当するケースが多いものと思われます。消費税の取扱いにおいては、任意組合等の事業として行われる取引については、その組合員のすべてが適格請求書発行事業者であり、業務執行組合員が、その旨を記載した届出書に、当該任意組合等の契約書の写しを添付し、納税地を所轄する税務署長に提出した場合に限り、適格請求書を交付することができます（消法57の6①、消令70の14①）。

この場合、交付する適格請求書に記載する「適格請求書発行事業者の氏名又は名称及び登録番号」は、原則として組合員全員の者を記載することとなりますが、次の事項（①及び②）を記載することも認められます（消令70の14⑤）。

① 　その任意組合等の、いずれかの組合員の「氏名又は名称及び登録番号」（一又は複数の組合員の「氏名又は名称及び登録番号」で差し支えありません。）

② 　その任意組合等の名称

インボイス発行事業者以外からの仕入れに係る経過措置

個人に対して少額の謝金を支払うことが多い一般財団法人があります。相手からインボイスをもらうことはあまり期待できないのですが、当法人の負担を減らすには、インボイス発行事業者に登録してもらうしかないでしょうか。

A 　一定規模以下の事業者は、1万円未満の課税仕入れについて、一定期間、適格請求書の保存を要しないとされる経過措置（少額特例）が設けられていますので、適用できないかどうか検討してみてはいかがでしょうか。

解説

基準期間における課税売上高が1億円以下又は特定期間における課税売上高が5千万円以下である事業者が、令和5年10月1日から令和11年9月30日までの間に国内において行う課税仕入れについて、当該課税仕入れに係る支払対価の額（税込み）が1万円未満である場合には、一定の事項が記載された帳簿のみの保存により、当該課税仕入れについて仕入税額控除の適用を受けることができる経過措置（少額特例）が設けられています（平成28年改正法附則53の2、平成30年改正令附則24の2①）。

ルールを守らない交通安全協会

交通戦争という言葉も今ではすっかり聞かれなくなりましたが、昭和 30 年代に我が国の交通事故での死者が年間 1 万人を超えたことから、この言葉は生まれました。明治 27 年に起きた日清戦争で、日本軍の死者は 2 年間で 1 万 7,000 人に上りましたが、交通事故の死者がこれを上回る勢いであったことから「交通戦争」という言葉が生まれたのです。

年間の死者が 4,000 人を切るようになった今では、もうすっかり死語になってしまったことも肯けます。

明治 30 年代に我が国に入ってきた自動車も次第に増えて、大正 8 年には自動車運転免許制度ができました。翌大正 9 年には、人も車も左側通行とする交通法規が定められ、やがて各地に交通安全協会が作られるようになりました。

こうして車社会の拡大と歩調を合わせるようにして、交通安全協会は、我が国でも最大規模の非営利組織として発展してきました。この交通安全協会は、交通ルールを守ろうという団体ですので、クリーンな団体かと思いきや、意外とクリーンを売り物にするところほど、クリーンではないもので、かつて不正の温床のようにいわれていた時期もあったのです。

というのも、平成 10 年 6 月に、警察庁は 26 府県の交通安全協会で申告漏れや無申告などの税務上の問題があったことを発表しました。これによると申告漏れの総額は 9 億円前後に上り、追徴税額は 2 億 5,000 万円を超えました。しかし、これは氷山の一角に過ぎませんでした。交通安全協会の不正はこれにとどまらなかったのです。

平成 14 年 3 月、警察庁所管の財団法人「全日本交通安全協会」

が東京国税局の税務調査を受け、7年間で4億7,000万円の所得隠しが発覚しました。運転免許取得の講習などに使われるテキストを編集する際、専門家に監修料を支払ったように見せかけて架空経費を計上し、プールしていた金を懇親会などの資金に充てていたというのです。この所得隠しにより追徴された税金は、1億円に上りました。この法人は、その後の公益法人改革で、「一般財団法人全日本交通安全協会」に移行しています。

　それから、平成14年6月には福井県交通安全協会の収益事業積立金のうち約2億3,000万円余りが行方不明となりました。この積立金は、免許更新時に県の収入証紙の販売によって得られる販売手数料、運転免許証明写真の撮影料などの収益事業の利益を積み立てていたものでした。やがてわかったのは、会計を担当する前総務課長（元県警厚生課長）が着服していたことでした。

　さらに、翌平成15年2月には、長野県交通安全協会連合会専務理事（元警察署長）と経理部長（元県警厚生課長）の2人が業務上横領で逮捕され、クリーンなはずの交通安全協会が、決してクリーンではなかったことが、次々と明らかになったのでした。

第**6**章

相続税

(1)　持分の定めのない法人に対する不当減少課税

　一般社団法人・一般財団法人のような持分の定めのない法人は、その持分がないことを利用して、相続税、贈与税等の租税回避に用いられやすいため、個人の財産を贈与したり遺贈したりした場合に、租税回避の意図が認められるときには、相続税、贈与税等が不当に減少する結果となると認められるものとして、その法人に相続税、贈与税等を課す制度が設けられています（相法66④、相令33③）。ただし、不当減少に該当しない要件を定めて、その要件を全て満たす場合には、不当減少に該当しないとしています。

(2)　一般社団法人等に対する不当減少課税

　一般社団法人・一般財団法人のうち非営利型法人以外の法人（「一般社団法人等」と定義されています。）は、全所得課税を受ける普通法人として、個人の財産を贈与したり遺贈したりした場合には、受贈益として法人税等が課されます。この一般社団法人等に対しては、特別に相続税、贈与税等が不当に減少する結果となると認められる要件が課されて、その1つでも満たさない場合には、不当減少に該当するとして、その法人に相続税、贈与税を課した上で、法人税等を控除する制度が設けられています（相令33④）。

(3)　特定一般社団法人等に対する相続税の課税

　また、一般社団法人等の理事が死亡した場合において、その一般社団法人等の同族理事の割合が2分の1を超えるなど一定の要件を満たす特定一般社団法人等である場合には、その死亡の時におけるその特定一般社団法人等の純資産額を、その時におけるその特定一般社団法人等の同族理事の数に（被相続人の数として）1を加えた数で除した金額を、遺贈により取得したものとみなし、その特定一般社団法人等を個人とみなして、その特定一般社団法人等に相続税を課税することとされています（相法66の2①）。

　一般社団法人・一般財団法人の中で相続税等の課税の要件が特別に課されているのはどのような法人ですか。

A　一般社団法人・一般財団法人の中で、下図の「一般社団法人等」に該当する法人です。さらに、一般社団法人等の中の「特定一般社団法人等」に当たる法人には、理事が死亡した場合に相続税の課税が行われます。

一般社団法人・一般財団法人	公益社団法人・公益財団法人 （法法2九の二）	
	非営利型法人 （法法2九の二）	非営利徹底型法人 （法法2九の二）
		共益型法人 （法法2九の二）
	証券化スキームに用いる法人 （相令34④三、四）	
	一般社団法人等 （相法66の2②一）	
		特定一般社団法人等 （相法66の2②三）

解 説

(1)　一般社団法人等とは

　一般社団法人等とは、一般社団法人、一般財団法人のうち、次の法人を除いた法人と法律で定義されています（相法66の2②一、相令34④）。これは、"一般社団法人など"の意味で使われる"一般社団法人等"とは定義が異なります。ここでいう一般社団法人等は、会社などと同じ普通法人として、全所得課税を受ける法人です。

≪一般社団法人等から除かれる法人≫

　①　公益社団法人及び公益財団法人の認定等に関する法律の規定によ

る公益認定を受けた公益社団法人、公益財団法人

② 法人税法第2条第9号の2に規定する非営利型法人（「非営利徹底型法人」及び「共益型法人」からなります。）

③ 資産の流動化に関する法律第2条第3項に規定する特定目的会社又はこれに類する一定の会社を一般社団法人及び一般財団法人に関する法律第2条第4号に規定する子法人として保有することを専ら目的とする一定の一般社団法人又は一般財団法人

特定目的会社又はこれに類する一定の会社とは、特定目的会社又は専ら資産流動化を行うことを目的とする会社であって、それぞれ次の要件を満たすものをいいます（相規32①）。

イ 資産流動化に係る業務及びその附帯業務を現に行っていること

ロ 資産流動化に係る業務として取得した資産以外の資産（資産流動化に係る業務及びその附帯業務を行うために必要と認められる資産並びにこれらの業務に係る業務上の余裕金を除く。）を保有していないこと

ハ 有価証券の発行に際して金融商品取引法第2条第3項に規定する取得勧誘を行っていること

一定の一般社団法人又は一般財団法人とは、「特定目的会社又はこれに類する一定の会社」の発行済株式又は出資（いわゆる優先株式・優先出資を除く。）の全部を保有し、かつ、当該発行済株式又は出資以外の資産を保有していないものをいいます（相規32②）。

④ 資産の流動化に関する法律第2条第2項に規定する資産の流動化に類する行為を行う一定の一般社団法人又は一般財団法人

一定の一般社団法人又は一般財団法人とは、専ら資産流動化を目的とする一般社団法人又は一般財団法人であって、上記③のイ〜ハの要件を満たすものをいいます（相規32①）。

(2) 特定一般社団法人等とは

特定一般社団法人等とは、一般社団法人等のうち、同族色の強い法人として次のいずれかの要件を満たすものとされています（相法66の2

②三）。

① 同族理事の被相続人の相続開始の直前において、理事総数のうち同族理事の割合が2分の1を超えること

② 同族理事の被相続人の相続開始前5年以内において、理事総数のうち同族理事の割合が2分の1を超える期間が合計3年以上であること

104 非営利型法人に対する課税

非営利型法人に対する相続税等の特別の課税はありますか。

A 　　収益事業課税を受ける非営利型法人に対しては、相続税等の特別の課税はありません。相続税等の特別の課税は、「非営利型法人以外の法人」である「一般社団法人等」に該当する法人に対するものです。

解説

　一族で実質的な支配を維持して相続税の負担を回避しようとしている一般社団法人・一般財団法人に対しては、相続税等の特別の課税が行われますが、理事総数に占める同族理事の割合を3分の1以下に抑えている非営利型法人は、一族による支配を免れている法人として、相続税等の特別の課税はありません。

第6章

相続税

一般社団法人・一般財団法人の課税逃れ

一般社団法人・一般財団法人を利用した課税逃れとは、どういうことでしょうか。

A 一般社団法人・一般財団法人には会社の株式等のような持分がありませんので、個人の財産を移して法人を実質支配していても相続税がかからないとして、相続税対策に利用する動きが見られました。

解説

相続税対策として個人の財産を法人に移しても、株式会社であれば、法人が保有する財産は株式の評価額に反映され、株主が死亡した場合には株式の相続に対し相続税が課税されます。それに対して、一般社団法人・一般財団法人については、持分がありませんので、法人が保有する財産が個人の財産に反映されることはありません。そのため、理事や社員を同族関係者で占めること等により法人を私的に支配して、個人が実質的にその法人の財産を保有していると認められるような場合でも、個人間の財産移転を前提とする相続税においては、半永久的に課税対象にならないことになります。

一般社団法人・一般財団法人は準則主義により容易に設立が可能であり、主務官庁の監督がないこと、株式会社と同様に事業内容が制限されていないこと、剰余金の分配はできないものの、解散時に残余財産を分配することも可能であること等からすると、社会福祉法人や学校法人といった他の持分の定めのない法人に比べて、特に相続税の租税回避に用いられやすいといえます。

特定一般社団法人等に対する相続税の課税

　同族で私物化している一般社団法人等の同族理事が死亡した場合には、一般社団法人等に対して相続税がかかるそうですが、どういうことでしょうか。

A　　一般社団法人等を利用した相続税逃れができないように、一般社団法人等の純資産額を同族理事数で頭割りして、法人がその金額分の遺贈を受けたものとして、一般社団法人等に相続税をかける制度になっています。

　この対象になる一般社団法人等を、「特定一般社団法人等」といいます。

解説

(1)　課税の概要

　一般社団法人等の理事が死亡した場合において、その一般社団法人等が一定の要件を満たす特定一般社団法人等である場合には、その死亡の時におけるその特定一般社団法人等の純資産額を、その時におけるその特定一般社団法人等の同族理事の数に（被相続人の数として）1を加えた数で除した金額を、遺贈により取得したものとみなし、その特定一般社団法人等を個人とみなして、その特定一般社団法人等に相続税を課税することとされています（相法66の2①）。

　死亡間際に理事を交代することにより、この制度を回避しようとすることへの対策として、相続開始前5年以内にその特定一般社団法人等の理事であったものが死亡した場合にも相続税を課税することとしています（相法66の2①かっこ書き）。

(2)　特定一般社団法人等

　一般社団法人等のうち次のいずれかの要件を満たすものは、特定の一

族による支配がされている「特定一般社団法人等」に該当する法人として、相続税の課税対象となります（相法66の2②三）。

① 被相続人の相続開始の直前におけるその被相続人に係る同族理事の数が理事の総数に占める割合が2分の1を超えること

② 被相続人の相続の開始前5年以内においてその被相続人に係る同族理事の数が理事の総数に占める割合が2分の1を超える期間の合計が3年以上であること

特定一般社団法人等を判定する場合の同族理事は、どのような者が該当しますか。

A 同族理事には、親族だけでなく、関係している法人の役員や使用人なども含まれます。

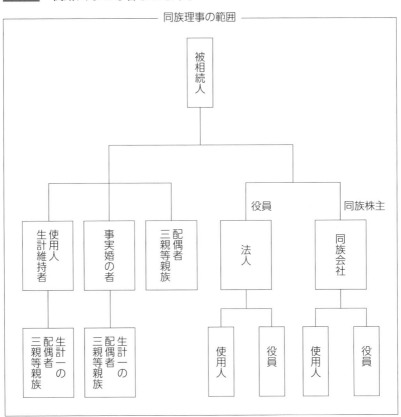

同族理事の範囲

解説

同族理事とは、一般社団法人等の理事のうち、次に掲げる者をいいま

す（相法 66 の 2②二、相令 34③）。

　イ　被相続人

　ロ　被相続人の配偶者

　ハ　被相続人の 3 親等内の親族

　ニ　被相続人と婚姻の届出をしていないが事実上婚姻関係と同様の事
　　情にある者

　ホ　被相続人の使用人及び使用人以外の者で当該被相続人から受ける
　　金銭その他の財産によって生計を維持しているもの

　ヘ　上記ニ及びホに掲げる者と生計を一にしているこれらの者の配偶
　　者又は 3 親等内の親族

　ト　上記ロからヘまでに掲げる者のほか、次に掲げる法人の会社役員
　　（法人税法第 2 条第 15 号に規定する役員を指します。）又は使用人
　　である者

　　㋑　被相続人が役員となっている他の法人

　　㋺　被相続人及び上記ロからヘまでに掲げる者並びにこれらの者と
　　　法人税法第 2 条第 10 号に規定する特殊の関係のある法人を判定
　　　の基礎にした場合に同族会社に該当する他の法人

108 特定一般社団法人等の相続税額の計算方法

特定一般社団法人等の理事が死亡した場合に課される相続税額の
計算方法について教えてください。

A その理事の死亡に係る相続開始の時におけるその特定一般社
団法人等の純資産額をその時における同族理事の数に1を加え
た数で除して計算した金額を相続税の課税価格として計算します。

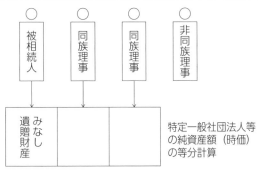

被相続人 ◯　同族理事 ◯　同族理事 ◯　非同族理事 ◯

遺贈みなし財産

特定一般社団法人等
の純資産額（時価）
の等分計算

第6章

相続税

解 説

(1) 純資産額の計算

この場合の特定一般社団法人等の純資産額とは、次の①の金額から②
の金額を控除した残額をいいます（相令34①）。

① 被相続人の相続開始の時において特定一般社団法人等が有する財産
の価額の合計額

ただし、信託の受託者として有するもの及び被相続人から遺贈により
取得したものは除かれます（遺贈により取得した財産は、相続開始の時
における法人の純資産に含まれることから、財産移転に対する課税（相
法66④）と保有財産に対する課税（相法66の2）との重複を排除する
ため、除かれているものです（相令34①）。ただし、相続税法第66条
第4項の規定により相続税が課税される可能性はあります。）。

② 次に掲げる金額の合計額

イ 特定一般社団法人等が有する債務であって被相続人の相続開始の際現に存するものの金額（相続税法第13条の規定により債務控除の対象となる債務と同様です。）

ロ 特定一般社団法人等に課される国税又は地方税であって被相続人の相続の開始以前に納税義務が成立したもの

ただし、相続の開始以前に納付すべき税額が確定したもの及びその被相続人の死亡に基因してその法人に課されることとなる相続税は除かれます（納付すべき税額が確定したものは上記イで控除が可能です。また、その被相続人の死亡に基因してその法人に課されることとなる相続税を除外しているのは、仮にこれを純資産額の計算に含めると、その純資産額を基礎として相続税額を算出することから、純資産額の計算が循環してしまうためです。）。

ハ 被相続人の死亡により支給する相続税法第3条第1項第2号に掲げる給与（いわゆる死亡退職金）

ニ 被相続人の相続開始の時におけるその特定一般社団法人等の一般社団法人及び一般財団法人に関する法律に規定する基金の額（基金は将来返還義務を負っているため）

(2) 相続税額の計算

この特定一般社団法人等は個人とみなして課税されるものの、被相続人の法定相続人ではないことから、日本のいわゆる法定相続分による遺産取得課税方式のもとでは、相続税の総額を計算する過程（基礎控除、税率の適用）において法定相続人として扱われません。相続税の総額を按分する過程では、上記の「純資産額」を基礎として計算したみなし財産を取得したものとして具体的な相続税額が計算されます。当然のことながら、配偶者の税額軽減、未成年者控除等の人的控除の適用はなく、相続税額の2割加算の適用があります。これは、相続税法第66条第4項の規定により相続税が課税される場合と同様です。

109 相続税対策として家族で設立した法人

　関与先が、相続税対策として、一般社団法人を設立して父の財産
を譲渡し、父が理事長、子供 2 人が理事になっているのですが、
大丈夫でしょうか。

A　父の理事長が死亡して相続が開始した場合、一般社団法人の
純資産の 3 分の 1 相当額の財産を遺贈によって取得したものと
して、一般社団法人に相続税が課税されます。

解説

　この一般社団法人は、理事総数に占める同族理事の割合が 100％ です
ので、特定一般社団法人等に該当します。特定一般社団法人等の理事が
死亡した場合には、相続が開始したときの理事の数に 1 を足した数で、
法人の純資産額を除して計算された金額を法人が遺贈によって取得した
ものとして、相続税額を計算し納付することになります。

第6章

相続税

相続税対策として設立した法人の社員の地位

中小企業の 10 人の株主が、相続税対策として、一般社団法人を設立。そこに全員の持ち株を譲渡して、株主は一般社団法人の社員とするスキームです。理事には、会社の従業員を充てるつもりですが、何か問題はありますか。

A　　相続税対策を講じる株主が理事に就任するということではなく、社員になるということですから、株主が死亡しても特定一般社団法人等に対する相続税の課税は生じません。

解 説

(1)　同族理事の要件

特定一般社団法人等の同族理事の要件は、私的支配の有無について判定するものですが、「社員」ではなく「理事」の数によることとなっています。これは、一般社団法人における社員総会は最高意思決定機関ではあるものの、業務は理事が執行することとされており、運営上の支配権は理事によって判定することが適当との考えによっています。

また、「社員」は法人である場合もあり、理事に就任できるのは自然人のみであることや、一般財団法人には「社員」に相当するものがないこと、理事は登記事項とされていること等から、執行上の簡明さにも鑑み、私的支配基準の判定は理事の数によることとされているものです。

(2)　理事による私物化

社員と理事の利害が対立した場合には、運営上の支配権を有する理事が画策すれば、私物化することも可能となることから、相続税の節税のためにすべてを失う結果ともなりかねません。

　持分の定めのない法人への贈与又は遺贈が、「贈与税又は相続税の負担が不当に減少する結果となると認められるもの」に該当する場合には、法人を個人とみなして贈与税又は相続税が課税される制度があります。

　全所得課税を受ける一般社団等について特別に課されている不当減少課税の要件とはどのようなものですか。

A　持分の定めのない法人のうち一般社団法人等について、特別に不当減少課税の要件が課され、この要件のいずれかを満たさないときは、贈与税又は相続税の負担が不当に減少する結果となると認められるものとされています。

解説

　全所得課税を受ける一般社団法人等に対してのみ特別に課されている不当減少課税の要件は、次のとおりです。一般社団法人等は、この要件の一つでも満たさないときは、不当減少に当たるものとして、贈与税又は相続税が課税されます（相令33④）。

①　その贈与又は遺贈の時におけるその定款において次の定めがあること

　イ　その役員等（理事、監事、評議員その他これらの者に準ずるものを指します。以下同じです。）のうち親族関係を有する者及びこれらと次に掲げる特殊の関係がある者の数がそれぞれの役員等の数のうちに占める割合は、いずれも3分の1以下とする旨の定め

　　㈠　その親族関係を有する役員等と婚姻の届出をしていないが事実上婚姻関係と同様の事情にある者

㈥　その親族関係を有する役員等の使用人及び使用人以外の者で
その役員等から受ける金銭その他の財産によって生計を維持し
ているもの

㈦　㈠又は㈥に掲げる者の親族でこれらの者と生計を一にしてい
るもの

㈣　その親族関係を有する役員等及び㈠から㈦までに掲げる者の
ほか、次に掲げる法人の法人税法第2条第15号に規定する役
員（(ⅰ)において「会社役員」といいます。）又は使用人である
者

（ⅰ）　その親族関係を有する役員等が会社役員となっている他の
法人

（ⅱ）　その親族関係を有する役員等及び㈠から㈦までに掲げる者
並びにこれらの者と特殊の関係のある法人を判定の基礎にし
た場合に同族会社に該当する他の法人

ロ　その法人が解散した場合にその残余財産が国若しくは地方公共
団体又は公益社団法人若しくは公益財団法人その他の公益を目的
とする事業を行う法人（持分の定めのないものに限ります。）に
帰属する旨の定め

②　その贈与又は遺贈前3年以内にその一般社団法人等に係る贈与者
等に対し、施設の利用、余裕金の運用、解散した場合における財産
の帰属、金銭の貸付け、資産の譲渡、給与の支給、役員等の選任そ
の他財産の運用及び事業の運営に関する特別の利益を与えたことが
なく、かつ、その贈与又は遺贈の時におけるその定款においてその
贈与者等に対し特別の利益を与える旨の定めがないこと

③　その贈与又は遺贈前3年以内に国税又は地方税（地方税法に規定
する地方団体の徴収金（都及び特別区のこれに相当する徴収金を含
みます。）をいいます。）について重加算税又は地方税法の規定によ
る重加算金を課されたことがないこと

226

112 持分の定めのない法人への不当減少課税

一般社団法人等は、一般社団法人等のみを対象とする不当減少課税に該当しなくても、まだ、別の不当減少課税の可能性があると聞きましたが、間違いありませんか。

A 全所得課税を受ける一般社団法人等については、まずは、一般社団法人等のみを対象とする不当減少課税に該当するかどうかが判定され、該当しない場合でも、まだ、持分の定めのない法人として、持分の定めのない法人に対する不当減少課税に該当する可能性がありますので、注意が必要です。

解説

(1) 持分の定めのない法人に対する不当減少課税

持分の定めのない法人に対し財産の贈与又は遺贈があった場合において、当該贈与又は遺贈により当該贈与又は遺贈をした者の親族などの贈与税又は相続税の負担が不当に減少する結果となると認められるときは、その持分の定めのない法人を個人とみなして、これに贈与税又は相続税を課税することとされています（相法66④）。

次に掲げる者の贈与税又は相続税が不当に減少する結果となると認められるかどうかにより判定されます（相令31①）。

イ　贈与又は遺贈をした者の親族

ロ　贈与又は遺贈をした者と婚姻の届出をしていないが事実上婚姻関係と同様の事情にある者及びその者の親族でその者と生計を一にしている者

ハ　贈与又は遺贈をした者である個人の使用人及び使用人以外の者で当該個人から受ける金銭その他の財産によって生計を維持しているもの並びにこれらの者の親族でこれらの者と生計を一にしているも

の

　なお、持分の定めのない法人を設立するために財産の提供があった場合にも同様に課税されます（相法66②）。財産の移転により贈与税又は相続税が課される場合には、その移転について課される法人税等の額に相当する額を控除することができます（相法66⑤）。

(2)　不当減少課税の要件

　持分の定めのない法人が次に掲げる要件をすべて満たす場合は、贈与税又は相続税の負担が不当に減少する結果となると認められるときに該当しないこととされています（相令33③）。

①　その運営組織が適正であるとともに、その寄附行為、定款又は規則において、その役員等のうち親族関係を有する者及びこれらと次に掲げる特殊の関係がある者の数がそれぞれの役員等の数のうちに占める割合は、いずれも3分の1以下とする旨の定めがあること

　イ　その親族関係を有する役員等と婚姻の届出をしていないが事実上婚姻関係と同様の事情にある者

　ロ　その親族関係を有する役員等の使用人及び使用人以外の者でその役員等から受ける金銭その他の財産によって生計を維持しているもの

　ハ　イ又はロに掲げる者の親族でこれらの者と生計を一にしているもの

　ニ　その親族関係を有する役員等及びイからハまでに掲げる者のほか、次に掲げる法人の役員（(イ)において「会社役員」といいます。）又は使用人である者

　　(イ)　その親族関係を有する役員等が会社役員となっている他の法人

　　(ロ)　その親族関係を有する役員等及びイからハまでに掲げる者並びにこれらの者と特殊の関係のある法人を判定の基礎にした場合に同族会社に該当する他の法人

②　その法人に財産の贈与若しくは遺贈をした者、その法人の設立

者、社員若しくは役員等又はこれらの者の親族等に対し、施設の利用、余裕金の運用、解散した場合における財産の帰属、金銭の貸付け、資産の譲渡、給与の支給、役員等の選任その他財産の運用及び事業の運営に関して特別の利益を与えないこと

③　その寄附行為、定款又は規則において、その法人が解散した場合にその残余財産が国若しくは地方公共団体又は公益社団法人若しくは公益財団法人その他の公益を目的とする事業を行う法人（持分の定めのないものに限ります。）に帰属する旨の定めがあること

④　その法人につき法令に違反する事実、その帳簿書類に取引の全部又は一部を隠蔽し、又は仮装して記録又は記載をしている事実その他公益に反する事実がないこと

113 不動産の贈与又は時価譲渡

家族で一般社団法人を設立して、父親がそこに不動産を贈与して、相続税がかからないようにしたいと相談されたのですが、大丈夫でしょうか。贈与ではなく、時価譲渡でやったらどうでしょうか。

A 　親族でやっていく一般社団法人等に、父親から財産の贈与があった場合、親族の贈与税又は相続税の負担を不当に減少させる結果となると認められるものとして、法人に贈与税又は相続税を課税する制度があります。また、不動産の贈与は、時価による譲渡として譲渡所得税もかかってきますので、かなり厳しいと思います。

時価譲渡の場合には、贈与と異なり贈与税又は相続税の不当減少課税には該当しませんが、特定一般社団法人等として、父親が死亡したときには、法人の純資産額を同族理事の数で頭割りした金額を、法人が遺贈により取得したものとして相続税がかかることになります。

解 説

(1) 贈与の場合

相続税の節税目的で一般社団法人を設立して、そこに財産を贈与・遺贈などした場合には、贈与者やその親族等の相続税・贈与税を不当に減少する結果となると認められるものとして、法人を個人とみなして、相続税・贈与税を課税する租税回避防止措置が設けられています（相法66④）。

さらに、理事になっていた父親が死亡して、相続が開始した場合、法人の純資産額を頭割りした金額を法人が遺贈で取得したものとして相続税がかかってきますので（相法66の2）、そのままでは散々な結果になりかねません。

なお、個人が法人に不動産を贈与した場合には、時価による譲渡があったものとみなして個人に譲渡所得税が課されることはいうまでもありません（所法59①）。

(2)　時価譲渡の場合

　一般社団法人等に対する不当減少課税は、財産の贈与でなければ該当することはなく、時価譲渡をすれば避けることができます。しかし、特定一般社団法人等に対する相続税の課税は、財産が贈与でも譲渡でも同じように適用されます（相法66の2）。

COLUMN

共通費の按分基準をめぐって

　収益事業と非収益事業の共通費の按分は、収益事業の申告における大きなポイントです。法人税基本通達では、経費の按分基準として資産の使用割合、従業員の従事割合、資産の帳簿価額の比、収入金額の比などを示しています。この中では、客観性にも優れており入手しやすい基準であることから、収入金額の比を使う場合が多いわけですが、これが必ずしもすべての場合に適用できるわけではないということを示したのが、これから取り上げるケースです。

　全国の新聞やテレビにニュースを配信しているC社が、東京国税局から税務調査を受け、平成19年3月期までの6年間に61億円の申告漏れを指摘されたとして大きく報道されたのは、平成20年5月のことでした。

　公益法人である社団法人として昭和20年に設立されたC社は、社員として加盟している新聞社やNHKからの加盟費（会費）をもとに取材活動を行い、ニュースを加盟社に配信していました。この配信事業は、本来の公益事業であるとともに、税務上は会費との間に対価的対応関係のない非収益事業であるとされてきました。

　このほかに、C社は社員でない全国紙や民放などから契約費という名の対価を受け取ってニュースの配信を行っていました。かつてはすべてが収益事業ではないとして申告していなかったそうですが、平成10年3月期から契約費の分を収益事業である請負業に当たるとして税務申告をしていました。申告に当たっては、非収益事業と収益事業の収入比率がおおむね8対2程度だったため、取材費などの経費についても8対2に按分して計上していたものです。

　これに対する税務当局の指摘は、経費は収入按分ではなくニュースの配信量など実態に応じて非収益事業と収益事業に区分すべきだ

というものでした。実際のところ、契約社のための取材は少なく、大半は加盟社向けの取材で得られた情報の二次利用という面が大きかったといわれています。つまり、経費のほとんどは非収益事業のためのもので、収益事業の経費は2割どころか、多く見積もっても1割程度という状態だったのです。これを6年分見直したところ、61億円の差額が生じたそうですが、赤字決算が続いていたため、追徴課税の対象となった課税所得は最終的に1億7,000万円で、追徴税額は4,600万円にとどまりました。

　ちなみに、C社は、その後の公益法人改革で公益法人から一般社団法人に移行しています。

第**7**章

源泉所得税

（1） 一般社団法人・一般財団法人の源泉徴収義務

　一般社団法人・一般財団法人は、給与や報酬・料金などを支払う際に、「源泉徴収義務者」として、所得税等を徴収して国に納付しなければなりません。法人が常勤の役職員に対して支払うもののうち給与等は源泉徴収の対象となりますが、通勤手当や出張に要する旅費は非課税所得として源泉徴収の必要はありません。

（2） 非常勤の役員や委員の交通費

　一般社団法人・一般財団法人は、常勤の役員が少ないのが特徴で、非常勤の理事には役員報酬が支給されず、交通費のみが支給される場合が少なくありません。法人が設けた各種委員会の委員や一般財団法人の評議員などについても同様です。

　このような交通費については、常勤の役職員に支払われる通勤手当や旅費と同様に非課税所得として源泉徴収の対象にならないのか、それとも給与として源泉徴収の必要があるのか、源泉所得税をめぐる一般社団法人・一般財団法人に特有の問題の一つです。

114 非常勤役員の報酬

一般財団法人の非常勤理事、監事に対しては、年2回開催される理事会への出席の都度、一律で1回5万円の交通費を支給しています。評議員についても、年1回の定時評議員会への出席の都度、一律で交通費5万円を支給しています。金額的に実費弁償として特に源泉徴収などはしていませんが、それでよいでしょうか。

A 税務上は役員等の報酬として、源泉徴収義務の対象になるものと考えられます。

解 説

理事、監事、評議員の旅費交通費については、法人で定めた旅費規程によって支給され、その金額が実費相当のものとして社会通念上不相当と認められない範囲のものであれば、役員等の所得には該当しないものと考えられます。また、法人が直接切符等を購入して支給する場合には問題は生じません。

しかしながら、このケースのように金額的に実費弁償の範囲を超えているのではないかと疑われるようなものについては、源泉徴収すべきだと考えます。

　横領した役員報酬の源泉税

　一般財団法人の理事長から臨時の報酬として 1,000 万円を自分の口座に振り込むように指示されたので、経理部では給与所得に対する源泉徴収を行って振り込みました。その後、理事長は私的な借金の返済に充てるために法人から横領したことがわかりました。源泉徴収税額の分だけでも納付せずに法人に戻した方がよいでしょうか。

A　　このケースのような場合、理事長が横領した金額であっても、法人に給与所得に対する源泉徴収義務があるものとされますので、法人に戻さずそのまま納付した方がよいでしょう。

解 説

　理事長の法人における地位、権限、実質的に有していた全面的な支配権に照らせば、法人の口座から理事長の口座に送金したことは、法人の意思に基づくものであって、法人が理事長個人に対して経済的な利得を与えたとみるのが相当であるといえます。なお、理事長に法人の金員を不正に取得する意思や不正な行為があったとしても、理事長の法人における地位、権限等からしてこのことは左右されるものではないと考えられます。

116 役員等の勤続年数による退職所得の違い

一般財団法人で常勤役員の理事長と専務理事には、役員報酬のほかに退職慰労金を支給しています。地方自治体の外郭団体なので、3〜4年で交代することが多いのですが、就任期間が長いか短いかによって、退職金の源泉所得税が大きく違うと聞きました。どう違うのでしょうか。

A 役員等については勤続年数が5年超か、5年以下かによって、退職所得の金額の計算方法が異なり、源泉所得税の金額にも影響が及びますので注意が必要です。

解 説

退職所得の金額は、その年中に支払いを受ける退職手当等の収入金額から、その者の勤続年数に応じて計算した退職所得控除額を控除した残額の2分の1に相当する金額とされていますが、役員等としての勤続年数（以下「役員等勤続年数」といいます。）が5年以下の者（特定役員等）が、その役員等勤続年数に対応する退職手当等として支払いを受けるもの（特定役員退職手当等）については、この残額の2分の1とする措置はありません（所法30②⑤）。

Question 117　委員の出勤に要する費用

　一般社団法人で設けている各種委員会の委員には、委員手当のほかに一律2千円の旅費を支払っています。給与所得として源泉徴収している委員手当だけでなく、旅費についても所得税等の源泉徴収をする必要がありますか。

A　委員手当について所得税等の源泉徴収をしているのであれば、旅費については源泉徴収をする必要はないと思います。

解説

　委員の旅費に対する税務上の取扱いについては、下記の通達で明らかにされています。

> 所得税基本通達9-5（非常勤役員等の出勤のための費用）
> 　給与所得を有する者で常には出勤を要しない次に掲げるようなものに対し、その勤務する場所に出勤するために行う旅行に必要な運賃、宿泊料等の支出に充てるものとして支給される金品で、社会通念上合理的な理由があると認められる場合に支給されるものについては、その支給される金品のうちその出勤のために直接必要であると認められる部分に限り、法第9条第1項第4号に掲げる金品に準じて課税しなくて差し支えない。
> (1) 国、地方公共団体の議員、委員、顧問又は参与
> (2) 会社その他の団体の役員、顧問、相談役又は参与

　まず、一般社団法人の委員は、この通達に掲げるようなものに含まれると思われます。

　次に、委員が旅費として受けるものが、出勤するために行う旅行に必要な運賃として支給される金品であり、社会通念上合理的な理由があると認められる場合に支給されるものであるかどうかですが、問題なく該当すると思います。

　問題は、委員が受ける2,000円が「その支給される金品のうちその出勤のために直接必要であると認められる部分」に含まれるかどうかの解釈です。

第7章　源泉所得税

その解釈によって、含まれるものは、「法第9条第1項第4号に掲げる金品に準じて課税しなくて差し支えない。」とされますが、では、ここにいう「法第9条第1項第4号に掲げる金品」とは何でしょうか。これは旅費の非課税を規定したものであって、決して同法第5号の通勤手当の非課税を規定したものではありません。

　通勤手当は、毎日規則的に行われるものであることから、経済的かつ合理的な経路・方法を用いることが求められるため、タクシー代のようなものは認められず、所得税法施行令第20条の2で具体的客観的に基準が定められているとおりです。

　これに対して、旅費には経済的かつ合理的なことまで求められておらず、「その旅行について通常必要であると認められるもの」(法第9条第1項第4号)とされ、旅費規程等に定められた日当まで認められているのは、旅費が通勤手当ほど毎日規則的に行われるものではないからです。

　このように所得税法は、非常勤の役員や委員の出勤に要する費用は、通勤手当ではなく、旅費に準じて取り扱うべきものとしています。ですので、タクシーなどを用いる場合であっても、「直接必要であると認められる部分」に含まれると思われます。

　また、所得税基本通達9－3(非課税とされる旅費の範囲)で示されているように、例えば、旅費規程等で適正な額を一律に定めている場合も、「直接必要であると認められる部分」に含まれると考えます。旅費の場合には「通常必要とされる費用」とあるところを、所得税基本通達9－5では「直接必要と認められる部分」となっている理由ですが、これは旅費の場合のように"間接的に必要な"日当などを含めない趣旨によるものではないでしょうか。

　なお、所得税基本通達9－5に「給与所得を有する者」とあるのは、所得税法では例えば非常勤の医師などが特定の手術を行うためにのみ出勤する場合には、支払われる対価は事業所得であり、医師が受ける交通費は事業所得の収入金額に算入されるとしていることから、所得税基本

通達9—5で取り扱うと課税上の弊害が生じるため、この「非常勤の医師」のようなケースを除外するために規定されているのではないかと考えられます。

　ほかに同様のケースとしては、税理士、公認会計士、弁護士などが士業団体の会合に出席して一律に定められた2,000円などの交通費を受けるケースなども事業所得に算入されるべきものと考えられます。

２か所からの退職金

　一般財団法人の理事長の退任に際して退職慰労金を支給しました。理事長は兼任していた他の一般財団法人もその前月に退任したので、退職慰労金を受け取っていましたが、それを記載しない「退職所得の受給に関する申告書」の提出を受けていたため、源泉徴収すべき税額に不足が生じています。理事長に、確定申告で精算してもらえばいいでしょうか。

A　徴収不足税額は、確定申告で精算することはできません。

解説

　支払済みの他の退職手当等があるときは、退職所得の受給に関する申告書には、その金額を記載しなければならないこととなっています（所法203①）。退職手当の支払者は、提出を受けた「退職所得の受給に関する申告書」の記載事項に誤りがあったことにより生じた徴収不足税額があることを知った場合には、直ちにその不足税額を徴収し納付することとされています（所基通203－3、194〜198共－1）。

119　ビンゴゲームの賞品

同業者の団体で数百人の会員を擁する一般社団法人（非営利型法人）で、年に 2 回、会員参加による忘年会と納涼会を開催し、アトラクションとしてビンゴゲームをしています。賞品として 5 千円〜2 万円相当の商品券や旅行券のほか家電製品や食品などを出しています。これには税務上問題がないのかという意見が出ていますが、どうなのでしょうか。

A　これらの賞品は、法人から会員に対して贈与されたものとして、一時所得に該当するとすれば、50 万円控除して、2 分の 1 課税ですので、税務上の問題は生じないのが通例です。

解説

(1)　一時所得

一時所得は、法人から贈与を受けた金品、懸賞当せん金、競馬・競輪の払戻し金等による所得です。

一時所得の金額＝総収入金額－支出金額－特別控除額（50 万円）

一時所得の金額は、損益通算後において総所得金額を計算する段階で、その 2 分の 1 が総所得金額に算入されます。

(2)　役職員の場合

賞品が金銭や金銭同等物であって、法人の役員や職員に対して交付される場合には、給与として源泉徴収の対象となり得ることに注意をしなければなりませんが、このケースのように役職員に交付されるかどうか不確実な場合には、一時所得として処理するのが相当と思われます。

120 カメラマンへの支払い

一般社団法人の会報に掲載するため、イベントの撮影を個人のカメラマンに依頼しました。写真を収録したDVDと請求書が送られてきました。請求書には、撮影の報酬に対する消費税等とそこから控除する源泉徴収税額が記載されていましたので、差し引いて支払いました。

その後、同じDVDが欲しいという関係者からの要望があり、カメラマンにDVDを人数分複製して送ってもらいました。そのときの請求書には源泉徴収税額が記載されていなかったのですが、控除しなくてもよいのでしょうか。

A 同一のカメラマンであっても、写真撮影の報酬は源泉徴収の対象となりますが、DVDの販売は単なる物品の販売として必ずしも源泉徴収の対象とはなりませんので、その分は源泉徴収しなくてもよいと考えられます。

解説

当初の請求は、「雑誌、広告その他の印刷物に掲載するための写真の報酬・料金」の請求に該当しますので、源泉徴収の対象となります（所法204、所令320①）。しかし、2回目の請求は、すでに引渡し済みの写真の報酬というよりは、DVDという物品の代金の請求という性格が濃厚なことから、源泉徴収の対象とならないのではないでしょうか。

このように同一人の請求であっても、源泉徴収の対象となるものとならないものが混在するケースもありますので、注意が必要です。

　一般財団法人のパンフレットのデザインを〇〇センターに委託しています。会社などの法人ではないようですが、個人事業者ではないようですので、源泉徴収しないでデザイン料を支払っていますが、大丈夫でしょうか。

A　〇〇センターが個人事業主の屋号であった場合には、源泉徴収の必要がありますので、個人事業主なのか、それとも源泉徴収の必要がない人格のない社団等に該当するのか、確かめる必要があります。

解説

　報酬・料金を支払う相手先のことを団体だと思って源泉徴収をしないで支払っていたら、一人で営業している個人事業主の屋号だったというケースも少なくありません。

　源泉徴収の対象となる報酬・料金は、個人に対して支払う場合は源泉徴収が必要になりますが、法人の場合は必要ありません。また、法人でない任意の団体であっても、それが人格のない社団等に該当する場合には、法人とみなされることから源泉徴収は必要ありません。

　相手先が人格のない社団等に該当するかどうかは、支払う側で判断する必要があり、人格のない社団等と確認できない場合には、源泉徴収しなければなりません。

　所得税基本通達では、この判断に関して次のように示されています。

（支払を受ける者が法人以外の団体等である場合の法第204条の規定の適用）
204－1　法第204条第1項各号に掲げる報酬、料金、契約金又は賞金の支払を受ける者が、官庁等の部、課、係、研究会又は劇団若しくは楽団等の名称のものであって、人格のない社団等に該当するかどうかが明らかでない場合には、その支払

を受ける者が次のいずれかに掲げるような事実を挙げて人格のない社団等であることを立証した場合を除き、同項の規定の適用があるものとする。
(1)　法人税を納付する義務があること。
(2)　定款、規約又は日常の活動状況からみて個人の単なる集合体ではなく団体として独立して存在していること。

COLUMN

脱税のために設立された財団法人

　新しい公益法人制度の下では、まず一般社団法人や一般財団法人を設立して法人格を取得してから、内閣府や都道府県の公益認定を受けて公益社団法人や公益財団法人になる制度になっているため、公益認定を取り消されても、一般社団法人や一般財団法人の法人格まで消滅することはありません。かつての社団法人、財団法人の時代は、公益法人は主務官庁の設立許可によって設立される制度になっていましたので、設立許可を取り消されると社団法人、財団法人は消滅の憂き目を見ていました。

　その古い公益法人制度の廃止が翌年に決まり、多くの公益法人が新制度への移行の準備に頭を悩ませていた平成19年3月に、設立許可を取り消された法人がありました。

　埼玉県所沢市の財団法人D協会です。この財団法人は、大学歯学部への進学を希望する学生に奨学金を貸与する目的で昭和58年に設立されていました。しかし、その目的どおりに奨学金の貸与が行われていたかは、疑わしいのです。法人の元理事長は「面接で好印象の学生には、出世払いで返してくれと口約束していた」というばかりで、実際に奨学金の貸与を行っていたことを裏付ける借用証などの書類はなく、奨学金の貸与は最初からほとんど行われていなかったのではないかと思われています。

　それでは、この法人は何のために設立されたのかというと、どうも寄附金の偽装を目的にしていたようです。公益法人に寄附をすると寄附金控除が受けられる仕組みを悪用して、実際には寄附をしていないのに寄附をしたことに偽装して、集団で所得税の脱税をしていたのです。この財団法人は、平成14年から平成17年までの4年間で、7,000万円の偽の領収書を発行し、元理事長をはじめ歯

科医師ら二十数人が、確定申告で寄附金控除を受け約 1,700 万円の所得税を免れていたことが明らかになっています。元理事長は、寄附者に対して出した領収書の控えが残っていないことについて、「燃やしてしまった」とあきれた陳述を残しています。判明しているのは氷山の一角に過ぎず、隠された偽の領収書は相当な金額に上るといわれています。

　公益法人や一般社団法人、一般財団法人などの非営利法人を利用して課税を免れようとする企ては後を絶ちませんが、これほど不埒な例は珍しいのではないでしょうか。

第8章

印紙税、登録免許税

1 印紙税

ポイント

　一般社団法人・一般財団法人の設立の際には、定款の認証手続きが必要となります。会社（相互会社を含む）の設立の際に作成される定款の原本には印紙税が課税されますが、会社以外の法人である一般社団法人・一般財団法人の定款は非課税となります。

　また、一般社団法人・一般財団法人が作成する領収証は、営業に関しない受取書に該当するものとして、収益事業に関するものであっても印紙税は非課税となっています。

一般社団法人・一般財団法人の印紙税

　一般社団法人・一般財団法人と会社では、印紙税の取扱いも違いますか。

A　一般社団法人・一般財団法人の設立も、定款の認証手続きが必要です。会社（相互会社を含む。）の設立の際に作成される定款の原本には印紙税が課税されますが、会社以外の法人である一般社団法人・一般財団法人の定款には印紙税は課税されません。

　また、領収証の印紙ですが、一般社団法人・一般財団法人が発行する領収証は、営業に関しない受取書として、収益事業に関するものであっても印紙税は課税されません。

解 説

(1) 印紙税の課税

　印紙税が課税されるのは、印紙税法で定められた課税文書に限られています。この課税文書とは次の要件すべてに該当するものです（印基通2）。

① 課税物件表に掲げられている 20 種類の文書により証されるべき事項（課税事項）が記載されていること。

② 当事者の間において課税事項を証明する目的で作成された文書であること。

③ 非課税文書でないこと。

● 課税物件表

1	・不動産、鉱業権、無体財産権、船舶若しくは航空機又は営業の譲渡に関する契約書 ・地上権又は土地の賃借権の設定又は譲渡に関する契約書 ・消費貸借に関する契約書 ・運送に関する契約書（用船契約書を含む。）

2	請負に関する契約書
3	約束手形又は為替手形
4	株券、出資証券若しくは社債券又は投資信託、貸付信託、特定目的信託若しくは受益証券発行信託の受益証券
5	合併契約書又は吸収分割契約書若しくは新設分割計画書
6	定款
7	継続的取引の基本となる契約書（契約期間の記載のあるもののうち、当該契約期間が3か月以内であり、かつ、更新に関する定めのないものを除く。）
8	預貯金証書
9	貨物引換証、倉庫証券又は船荷証券
10	保険証券
11	信用状
12	信託行為に関する契約書
13	債務の保証に関する契約書（主たる債務の契約書に併記するものを除く。）
14	金銭又は有価証券の寄託に関する契約書
15	債権譲渡又は債務引受けに関する契約書
16	配当金領収証又は配当金振込通知書
17	①売上代金に係る金銭又は有価証券の受取書 ②金銭又は有価証券の受取書で①に掲げる受取書以外のもの
18	預貯金通帳、信託行為に関する通帳、銀行若しくは無尽会社の作成する掛金通帳、生命保険会社の作成する保険料通帳又は生命共済の掛金通帳
19	1、2、14又は17に掲げる文書により証されるべき事項を付け込んで証明する目的をもって作成する通帳（18に掲げる通帳を除く。）
20	判取帳

(2) 定款

　会社（相互会社を含む。）の設立の際に作成される定款の原本には1通につき4万円の印紙税が課税されますが、会社以外の法人である一般社団法人・一般財団法人の定款は非課税となります。

　また、会社であっても原始定款を電子文書により作成し、電子公証制度により定款認証を受ける場合には、文書としての定款が作成されないため、印紙税は課税されません。

(3) 営業に関しない受取書

　第17号文書の金銭又は有価証券の受取書であっても、それがその受取人にとって営業に関しないものである場合には、非課税となります。

　営業というのは、一般に、営利を目的として同種の行為を反復継続して行うこととされており、法人についてはおおむね次のように取り扱うとされています（印基通別表第一）。

① 株式会社などの営利法人の行為は、その営利法人が直接作成する株式払込金領収書などを除いて営業になります。

② 公益社団法人・公益財団法人などの公益法人の行為は、すべて営業になりません。

　また、一般社団法人・一般財団法人で、法令の規定又は定款の定めにより利益金又は剰余金の配当又は分配をすることができないものの行為も営業になりません。

③ 協同組合など会社以外の法人の行為は、次のようになっています。

　法令の規定又は定款の定めにより利益金又は剰余金の配当又は分配をすることができることになっている法人の場合に、出資者以外の者との行為は営業になり、出資者との行為は営業になりません。

④ 人格のない社団の行為は、次のようになっています。

・公益及び会員相互間の親睦等の非営利事業を目的として設立されている場合には、営業になりません。

・その他の人格のない社団が作成する受取書で、収益事業に関して作成するものは、営業になります。

⑤ 個人の場合、「商人」としての行為は営業になり、事業を離れた私的日常生活に関するものは営業になりません。

　なお、店舗などの設備がない農業、林業又は漁業を行っている者が自分の生産物を販売する行為や医師、歯科医師、弁護士、公認会計士などの行為は、一般に営業に当たらないとされていますので、これらの行為に関して作成される受取書は営業に関しない受取書と

して取り扱われます。

Question 123　一般社団法人・一般財団法人の契約書

一般社団法人で、コンピュータの会社と「データ入力基本契約」を結び、契約書を交わしました。契約の期間は6か月で、料金は単価表を基に算定するとして金額は記載しておりません。契約書に貼る印紙はどのようになりますか。

A 第7号文書（継続的取引の基本となる契約書）には該当しないので、記載金額のない第2号文書（請負に関する契約書）に該当することになり、印紙税額は、200円となります。

解説

　この文書は、提供を受けた記録媒体にデータを入力し、完成した記録媒体の引き渡しを行うことを目的とするもので、第2号文書「請負に関する契約書」に該当するとともに、継続する2以上の請負について目的物の種類及び対価の支払い方法を定めたものであることから、第7号文書「継続的取引の基本となる契約書」に該当することも考えられます。

　第2号文書と第7号文書の両方に該当する場合には、課税文書の帰属について定めた印紙税法の課税物件表の適用に関する通則3のイの但し書きの規定により第7号文書（印紙税額4,000円）に該当することとなります。しかし、契約当事者の一方が一般社団法人であることから、営業者間で行われることが要件である第7号文書には該当しないので、再び元に戻って、第2号文書に該当することとなりますが、契約書に記載金額がありませんので、印紙税額は200円となります。

　印紙税法においては、会社（株式会社、合名会社、合資会社又は合同会社）以外の法人のうち、法令の規定又は定款の定めにより利益金又は剰余金の配当又は分配をすることができないものは営業者に該当しないこととされています（印紙税法別表第一課税物件表第17号文書非課税

物件欄2かっこ書き)。

　一般社団法人に関する法令の規定では、「社員に剰余金又は残余財産の分配を受ける権利を与える旨の定款の定めは、その効力を有しない。」（一般社団・財団法人法11②）と定めているほか、「社員総会は、社員に剰余金を分配する旨の決議をすることができない。」（一般社団・財団法人法35③）と定めています。また、一般財団法人に関する法令の規定では、「設立者に剰余金又は残余財産の分配を受ける権利を与える旨の定款の定め」（一般社団・財団法人法153③二）は効力を有しないと定めています。

　ですので、一般社団法人・一般財団法人は営業者に該当せず、一般社団法人・一般財団法人が当事者である契約書は、営業者の間において取引を行うために作成されるものに限られている第7号文書に該当することはありません。

国等との契約に係る印紙税

　一般財団法人で、市から委託されている事業について委託契約書を作成しています。市から送られてきて、法人で保管している契約書には印紙が貼付されていないのですが、問題ないでしょうか。

A　　市から送られてきて、法人で保管している契約書は、市が作成した非課税の契約書とみなされますので、印紙を貼付しなくても問題ありません。

解 説

(1)　国等が作成する文書

　印紙税では、国や地方公共団体（以下「国等」とします。）が作成する文書は、原則として非課税とされています。このため国等と民間との間で取り交わす文書については、国等は非課税となりますが、民間側は非課税とはならず印紙税を負担する必要があります。

　そこで、印紙税法では、次のように定めています（印紙税法4⑤）。

・国等と国等以外の者とが共同して作成した文書については、

　①　国等が保存するものは、国等以外の者が作成したものとみなす。

　②　国等以外の者が保存するものは、国等が作成したものとみなす。

　この規定があるため、市から送られてきた契約書は、市が作成したものとみなされ、非課税の扱いになりますので、印紙の貼付がなくても問題ないのです。

(2)　一般的な流れ

　国等と交わす契約については概ね次のように行われるのが一般的な流れです。

　①　国等のひな型で作成された契約書が、民間側に2部渡される。

　②　民間側は、この契約書に署名・押印し、その1部に収入印紙を貼

付して、2部とも国等に提出する。

③　国等は、契約に関する諸手続が終わると、収入印紙が貼付されていない方の契約書を民間側に交付する。

2 登録免許税

(1) 課税範囲

　登録免許税は、登記等について課されます。登記等とは、登録免許税法別表第一に掲げる登記、登録、特許、免許、許可、認可、認定、指定及び技能証明をいいます。

(2) 登記

　登録免許税が課される登記に、「会社の商業登記」がありますが、この中には一般社団法人・一般財団法人を含むとされ、公益社団法人・公益財団法人を除くとされています（登法別表第一）。公益社団法人・公益財団法人の設立登記や変更等の登記には登録免許税が課されず、一般社団法人・一般財団法人に課されるのはこのためです。

(3) 一般社団法人・一般財団法人の登記

　一般社団法人・一般財団法人は、準則主義（登記）により設立できることとなっており、設立登記等について1件につき6万円等の登録免許税が課税されるほか、変更等の登記についても登録免許税が課税されます。

125 一般社団法人・一般財団法人の登録免許税

一般社団法人・一般財団法人の登記には登録免許税がかかりますか。

A 一般社団法人・一般財団法人を設立するときには登録免許税がかかるほか、役員の変更等にも登録免許税がかかります。公益社団法人・公益財団法人のように登録免許税の非課税の規定はありません。

解 説

(1) 一般社団法人、一般財団法人の設立登記等

① 主たる事務所の所在地においてする登記（③を除く。）

- ⅰ 一般社団法人、一般財団法人の設立……………1件につき6万円
- ⅱ 従たる事務所の設置…………………………1か所につき6万円
- ⅲ 主たる事務所又は従たる事務所の移転………1か所につき3万円
- ⅳ 理事会に関する事項の変更…………………………1件につき3万円
- ⅴ 理事、監事、代表理事、評議員又は会計監査人に関する事項の変更……………………………………………………1件につき1万円
- ⅵ 理事、監事、代表理事又は評議員の職務執行の停止又は職務代行者の選任……………………………………………1件につき3万円
- ⅶ 一般社団法人、一般財団法人の解散…………1件につき3万円
- ⅷ 一般社団法人、一般財団法人の継続、合併を無効とする判決が確定した場合における合併により消滅した一般社団法人、一般財団法人の回復又は一般社団法人、一般財団法人の設立の無効若しくはその設立の取消し………………………………………1件につき3万円
- ⅸ 上記以外の登記事項の変更、消滅又は廃止……1件につき3万円
- ⅹ 登記の更正、抹消…………………………………1件につき2万円

② 従たる事務所の所在地においてする登記（③を除く。）

    ⅰ　上記①ⅰからⅸまでの登記……………………… 1件につき 9,000 円

      （申請に係る登記が①ⅴのみの場合は、6,000 円）

    ⅱ　登記の更正、抹消……………………………… 1件につき 6,000 円

③ 清算に係る登記

    ⅰ　清算人又は代表清算人………………………… 1件につき 9,000 円

    ⅱ　清算人若しくは代表清算人の職務執行の停止若しくはその取消し
若しくは変更又は清算人若しくは代表清算人の職務代行者の選任、
解任若しくは変更………………………………… 1件につき 6,000 円

    ⅲ　清算結了……………………………………… 1件につき 2,000 円

    ⅳ　登記事項の変更、消滅若しくは廃止（ⅱを除く。）、登記の更正の
登記又は登記の抹消……………………………… 1件につき 6,000 円

(2)　非課税

公益社団法人、公益財団法人の次の登記は非課税です。

① 公益認定又はその取消しの際の名称の変更登記（登法5十四）。

② 公益社団法人、公益財団法人に係る役員の変更登記等（登法別表
第一 24 号）。

③ 公益社団法人、公益財団法人が自己の設置運営する学校の校舎
等、保育所若しくは家庭的保育事業等、認定こども園等の建物等の
所有権の取得登記、敷地その他の土地等の権利の取得登記（登法別
表第三5号の2)。

COLUMN

税の前にはプロもアマチュアもない

　日本のプロスポーツといえば、野球、相撲、ボクシングからテニス、ゴルフ、サッカー、バスケットボール、ボウリング、レスリングなどですが、人気のある試合には高い入場料を払ってもたくさんの観客が押し寄せます。試合の主催者が会社であった場合には当然課税されますが、人格のない社団等や非営利型法人などの公益法人等であった場合には、どうでしょうか。これも、収益事業の興行業に該当するものとして、法人税等の課税の対象となりますし、消費税も課税されます。

　それでは、試合がプロの試合ではなく、アマチュアの試合であったらどうでしょうか。アマチュアの試合でも同じです。税の前にはプロもアマもないのです。ところが、アマチュアの試合は税金がかからないという思い込みから、申告していなかったというケースが明らかになることがあります。

　大きなニュースになったのは、ラグビーの団体でした。大学ラグビーなどのアマチュア大会を開催する E 協会は、人格のない社団等に当たる任意団体ですが、平成 18 年に税務調査を受けて、収益事業に当たる入場料を申告していなかったことが明らかになりました。アマチュアの試合でも、人気カードの早明戦などでは、指定席が 2,500 円〜5,000 円と高額になり、当然利益が生じますが、これは収益事業の興行業に当たります。税務調査の結果、平成 17 年 3 月までの 5 年間で、約 3 億 3,000 万円の申告漏れを指摘され、無申告加算税を含めて約 1 億 1,000 万円を追徴課税されました。E 協会は、入場料収入からグラウンド使用料などを除いた利益については、入場者数などに応じて各大学の間で分配していました。

　翌年には、トップウエストリーグや関西大学リーグなどを主催す

る任意団体のF協会に税務調査が入りました。その結果、平成17年3月までの5年間に約1億2,500万円の申告漏れを指摘され、約4,000万円を追徴課税されました。

　なお、現在は公益財団法人になっているG協会はどうだったかというと、やはりこれらに先立って税務調査を受けていました。そのときは財団法人だったG協会は、プロ契約選手などが所属するトップリーグの入場料収益は収益事業として申告していましたが、アマチュアの試合はやはり収益事業には該当しないとして申告していませんでした。しかし、事業としては赤字だったため、結果として追徴課税は生じませんでした。

第9章

地方税

　一般社団法人・一般財団法人の法人住民税法人税割と法人事業税所得割については、法人税と同様の取扱いです。均等割については最低税率で課税されることとなり、外形標準課税については、対象外となります。

(1)　法人住民税法人税割・法人事業税所得割

　法人住民税法人税割と法人事業税所得割については、一般社団法人・一般財団法人のうち、非営利型法人については収益事業課税が行われ、非営利型法人以外の法人には普通法人と同様に全所得課税が行われます（地法24⑤、72の5①二、294⑦）。

　法人住民税については、法人税額が課税標準となり、法人事業税については所得が課税標準となりますが、軽減税率の対象となる特別法人とはなりません。

　また、収益事業から非収益事業へのみなし寄附金制度の適用もありません。

(2)　法人住民税均等割

　法人住民税の均等割については、資本金等の額に応じて税率が設定され課税されますが、一般社団法人・一般財団法人のように資本金の額が明確でないものは最低税率で課税されます（地法52①表一イ、ハ、312①表一イ、ハ）。

(3)　外形標準課税

　一般社団法人・一般財団法人は、資本金の額又は出資金の額を有しない法人であるため、外形標準課税の対象外となっています（地法72の2①一ロ）。

第9章

地方税

一般財団法人（非営利型法人）を設立しましたが、収益事業を全く行うことなく最初の事業年度を終了しました。法人税の確定申告をする必要はなく、法人住民税均等割の申告・納付だけでいいと聞いていますが、それで間違いないでしょうか。

A 　非営利型法人が収益事業を行っていない場合、法人税の申告は不要で、法人住民税均等割の申告だけになりますが、自治体によっては、収益事業を行わない一般社団法人等に対して法人住民税均等割の免除制度が設けられていますのでご注意ください。

解説

　原則は、収益事業を行わない場合であっても、法人住民税均等割がかかることになっていますが、地方自治体によっては、非営利型法人について、NPO 法人などと同じように免除制度を設けているところがあります。首都圏では、神奈川県や千葉市などが条例で免除制度を設けています。ただし、免除制度の適用を受けるには、毎年 4 月 1 日〜4 月 30 日までの間に申請をすることが必要となっており、この期間を過ぎると免除が受けられないので、ご注意ください。

一般社団法人・一般財団法人の法人住民税、法人事業税

一般社団法人・一般財団法人の法人住民税、法人事業税は、法人税の取扱いと何か違いがありますか。

A 一般社団法人・一般財団法人の法人住民税法人税割と法人事業税所得割については、法人税と同様の取扱いとなっています。均等割については最低税率で課税されることとなり、外形標準課税については、対象外となっています。

解説

(1) 法人住民税法人税割・法人事業税所得割

法人住民税法人税割と法人事業税所得割については、法人税と同様に法人の類型ごとに次のような取扱いとなっています（地法24⑤、72の5①二、294⑦）。

① 非営利型法人

一般社団法人・一般財団法人のうち非営利型法人に該当する場合には収益事業課税が行われます。また、事業年度の中途において収益事業を開始した場合等のみなし事業年度については、法人税と同様に収益事業を開始した日からその事業年度終了の日までを一事業年度とみなすこととなっています。収益事業を行っている場合の法人住民税については、法人税額が課税標準となり、法人事業税については、軽減税率の対象となる特別法人とはなりません。

② 非営利型法人以外の法人

一般社団法人・一般財団法人のうち非営利型法人以外の法人に対する法人税の課税は、普通法人と同様に全所得課税が行われます。

法人住民税については、法人税額が課税標準となり、法人事業税については、軽減税率の対象となる特別法人とはなりません。

(2)　法人住民税均等割

　一般社団法人・一般財団法人の法人住民税均等割は最低税率で課税されることとなっています。

(3)　外形標準課税

　一般社団法人・一般財団法人は、資本金の額又は出資金の額を有しない法人であるため、外形標準課税の対象外となっています。

Question 128 償却資産税の申告義務

一般社団法人（非営利型法人）で 300 万円の 3D プリンターを購入したら、固定資産税の一種である償却資産税の申告義務があるといわれました。固定資産税は、納税通知書が来て納付するだけのものだと思っておりましたが、申告する必要があるのでしょうか。

A 償却資産税は、償却資産の所有者がその所在、種類、取得時期、取得価額などを申告することが義務付けられています。

解説

(1) 償却資産に対する固定資産税

地方税の市町村税に当たる固定資産税は、①土地、②家屋、③償却資産に対して課税されます。このうち、償却資産に対する固定資産税を、一般に償却資産税と呼んでいます。

償却資産とは、土地及び家屋以外の事業の用に供することができる資産で、その減価償却費等が損金に算入されるものをいいます。ただし、次の資産は除かれています（地法 341 四）。

① 無形減価償却資産
② 使用可能期間 1 年未満又は取得価額 10 万円未満のもので一時に損金算入されているもの
③ 取得価額 20 万円未満のもので一括償却資産として 3 年均等償却を行っているもの
④ 自動車、原動機付自転車、軽自動車、小型特殊自動車及び二輪の小型自動車

(2) 償却資産税の申告

償却資産の所有者は、毎年 1 月 1 日現在における償却資産について、その所在、種類、数量、取得時期、取得価額、耐用年数、見積価額その

第9章

地方税

273

他償却資産課税台帳の登録及びその償却資産の価格の決定に必要な事項を1月31日までに市町村長に申告しなければなりません（地法383）。

　償却資産税は、この申告書等を基にして税額が計算され、賦課決定されます。

　この償却資産の申告は、償却資産に関しては、土地及び家屋のように、登記簿に相当するものがなく、所有者の確認が困難であることから、その所有者に義務付けられているものです。なお、この申告について、虚偽の申告をした場合又は偽りその他不正の手段により承認若しくは認定を受けた場合には、30万円以下の罰金、また、不申告である場合で、かつ、正当な事由がない場合には10万円以下の過料という罰則規定が設けられています（地法356、357）。

(3)　償却資産税の免税点

　償却資産税の基本税率は100分の1.4、免税点は課税標準額150万円ですが、免税点未満となる償却資産の所有者であっても、賦課期日である1月1日現在において事業用の償却資産を所有している者は、その償却資産の所在地の市町村長に対して、償却資産の申告をしなければなりません。

国立大学法人が所有している施設で、収益事業を実施している一般財団法人があります。国立大学法人の所有する固定資産は固定資産税が非課税のはずですが、課税された場合には財団側で負担する契約になっているため、課税されないのか気になっています。この施設は国立大学法人が取得したばかりですので、不動産取得税の課税も気になるところです。

A 国立大学法人が所有する固定資産の固定資産税は非課税と定められていますが、国立大学法人以外の者が使用していると非課税とはなりません（地法348⑥）。一方、不動産取得税は、固定資産税のような規定はなく、国立大学法人による取得は非課税とされています（地法73の3）。

解説

固定資産税の非課税については、国立大学法人が所有するこの施設を一般財団法人が使用していると解するか、それとも使用する主体はあくまで国立大学法人であって、一般財団法人にはその運営を委託しているだけと解するかがポイントとなると思われます。

国立大学法人の中にあるレストランや売店などについては、運営を委託しているだけと解することで、固定資産税が課税されないように課税当局と大学側で解決を図ったとされています。

不動産取得税の非課税については、固定資産税の非課税のように国立大学法人等以外の者が使用しているものを除くとする規定がありませんので、国立大学法人の取得に対して課税されることはありません。

第9章

地方税

275

COLUMN

剣道連盟にスキあり、税務調査の一本

　日本の剣道人口は 170 万人といわれています。全国組織として公益財団法人全日本剣道連盟があり、地方組織として各都道府県の剣道連盟があります。地方組織は、公益財団法人、公益社団法人、一般財団法人、一般社団法人、任意団体と実にさまざまです。こうした中央と地方の組織のあり方は、剣道に限らず、どのスポーツ団体でも似通っています。

　日本中がコロナ禍の緊急事態宣言によって重苦しい空気に包まれる中、令和 3 年 1 月 29 日に佐賀新聞が報じたのは、S 県剣道連盟が 1953 年の設立以来長年にわたって源泉徴収を行わないできたことや、消費税に関することでこの 1 月に税務署の税務調査が入っているという事実でした。S 県剣道連盟は任意団体ですが、任意団体でも税法上は法人とみなされて、給与や報酬を支払うときには所得税等の源泉徴収の義務がありますし、物品販売や受託事業などの収益事業を行う場合には法人税等の税務申告をしなければなりません。また、モノやサービスを提供して対価を得る場合には消費税の課税対象となります。報道によると、この剣道連盟では内部で源泉徴収をしていないことが問題となり、前年 10 月から源泉徴収を始めたそうですが、これは今どき考えられないほどお粗末としかいいようがありません。

　さて、一般に剣道連盟の収益源は、昇段審査のための「審査料」と、審査合格後に必要となる「登録料」とされています。S 県剣道連盟でも、令和元年度の決算で、受審料 770 万円、証書料 1,132 万円となっていますが、この証書料というのはおそらく登録料のことでしょう。

　剣道などのスポーツは、収益事業の技芸教授業には該当しません

ので、この審査料や登録料は、法人税等の課税対象にはなりません
が、だからといって消費税の課税対象にならないと決めつけるのは
早計です。消費税の観点からすると、審査料は審査というサービス
の対価、登録料は登録というサービスの対価に当たります。一般的
な感覚からすると、少し違和感があるかもしれませんが、対価とい
う事実は厳然としてあるわけですから、S県剣道連盟のように、そ
れを正しく把握して申告していなければ、税務調査が入って一本取
られるようなことがあっても仕方ありません。

著者プロフィール

田中　義幸（たなか　よしゆき）
公認会計士・税理士
監査法人（現あずさ監査法人）、法律事務所（現西村あさひ法律事務所）
勤務を経て平成元年田中義幸公認会計士事務所開設。
著書、論文、講演等多数。

サービス・インフォメーション
―――――――――――――――――― 通話無料 ――――

① 商品に関するご照会・お申込みのご依頼
　　　　　　　TEL 0120 (203) 694／FAX 0120 (302) 640
② ご住所・ご名義等各種変更のご連絡
　　　　　　　TEL 0120 (203) 696／FAX 0120 (202) 974
③ 請求・お支払いに関するご照会・ご要望
　　　　　　　TEL 0120 (203) 695／FAX 0120 (202) 973

● フリーダイヤル（TEL）の受付時間は、土・日・祝日を除く
　 9：00～17：30です。
● FAXは24時間受け付けておりますので、あわせてご利用ください。

改訂版　一般社団法人・一般財団法人の税務・会計Q&A
～本当に知りたかったポイントがわかる　税理士からの相談事例120～

2023年12月15日　初版発行

著　者　　田　中　義　幸

発行者　　田　中　英　弥

発行所　　第一法規株式会社
　　　　　　〒107-8560　東京都港区南青山 2-11-17
　　　　　　ホームページ　https://www.daiichihoki.co.jp/

社団財団税務改　ISBN978-4-474-09350-8　C2033　(0)